**Autres titres**

Patrick Bonazza
Les patrons
sont-ils trop payés ?

Antoine Albertini
Faut-il
abandonner la Corse ?

Catherine Pauchet
Faut-il
supprimer le BAC ?

Pascale-Marie Deschamps
Les homosexuels
peuvent-ils avoir
des enfants ?

Patrick Eveno
Les médias sont-ils
sous influence ?

Stéphane Sirot
Les syndicats sont-ils
conservateurs ?

Romain Gubert
La France doit-elle
quitter l'Europe ?

Michel Richard
Sarkozy, l'homme qui ne
savait pas faire semblant

Sylvie Brunel
À qui profite le
développement durable ?

Éric Chol
Faut-il
boycotter les J.O. ?

Olivier Weber
Le Tibet est-il
une cause perdue ?

Marie-Paule Virard
La Finance mène-t-elle
le monde ?

Michel Wieviorka
L'antisémitisme est-il
de retour ?

Pauline Garaude
Faut-il avoir peur
du Pakistan ?

Jean-François Kahn
Pourquoi il faut
dissoudre le PS

Béatrice Houchard
À quoi servent les députés ?

Daniel Lefeuvre et Michel Renard
Faut-il avoir honte de
l'identité nationale ?

Claude Javeau
La France doit-elle
annexer la Wallonie ?

ISBN : 978-2-03-584528-3

Isabelle Germain

# Si elles avaient le pouvoir...

Larousse | à dire vrai

Collection dirigée par **Jacques Marseille**

# La grande illusion

Laurence Parisot présidente du Medef, Angela Merkel à la tête de la première puissance économique européenne, Hillary Clinton et Ségolène Royal, deux femmes qui furent présidentiables dans de grands États, Laurence Ferrari aux commandes du Journal de 20 heures de TF1... Les femmes vont-elles prendre le pouvoir ? Au dire de certains médias, ce serait déjà le cas. À peine quelques femmes apparaissent-elles dans des milieux très masculins et immédiatement de gros titres affolent les lecteurs. Été 2008 par exemple, les chaînes de télévision annoncent l'arrivée de plusieurs femmes pour présenter des émissions de divertissement et d'information. « Télévision : les femmes prennent le pouvoir », affirme *le Figaro* (17 juin 2008). De quel pouvoir s'agit-il ? Quelques présentatrices passent d'une chaîne à l'autre. Mais ces quelques hirondelles n'annoncent pas le printemps. Le gros des bataillons des chaînes de télévision reste mâle. À l'antenne, ce sont souvent les hommes qui dirigent les opérations tandis que des présentatrices leur servent de faire-valoir. Ces femmes ne menacent pas le pouvoir masculin. Elles ne sont pas directrices de chaîne ou directrices de rédaction. À l'exception d'Arlette Chabot, aucune ne dirige la rédaction d'un grand média national. Elles ne détiennent pas le véritable pouvoir, celui de décider de la hiérarchie de l'information et des angles des sujets. Dès que quelques femmes pointent leur nez dans de hauts lieux jusquelà réservés aux hommes les médias nourrissent ce que la sociologue Christine Delphy appelle « le mythe de l'égalité déjà là » et le mythe du pouvoir féminin. Pourtant, le « deuxième sexe » goûte peu à l'exercice du pouvoir. Elles ne sont qu'une poignée à parvenir au sommet, dans tous les milieux : moins de 10 % de femmes dans les conseils d'administration des entreprises du CAC 40, moins de 20 % au Parlement, 9 % seulement élues maires dans les villes de plus de 3 500 habitants. Et cela huit ans après l'adoption de la loi sur la parité en politique. Les hommes décident de tout ce qui concerne la société tout entière. Budget de l'État, nucléaire, guerres, OGM… Les femmes, elles, ne détiennent ni le pouvoir politique, ni le pouvoir économique, ni le pouvoir médiatique, ni le pouvoir intellectuel ou scientifique ; en revanche, elles excellent dans le pouvoir domestique que les hommes leur laissent avec magnanimité. Et c'est bien ce qui les empêche de montrer ce dont elles sont capables ailleurs.

## Le péril féminin

Mais il y a pire. Non seulement les femmes prendraient le pouvoir, mais la société se féminiserait et donc courrait à sa perte. C'est la thèse que défendent sans rire de nombreux tribuns des médias qui font autorité à l'heure où les femmes doivent encore batailler pour obtenir dans les faits des droits égaux à ceux des hommes. Le journaliste politique Éric Zemmour dans son ouvrage *Le premier sexe*, le psychanalyste Michel Schneider dans *La confusion des sexes* ou dans *Big Mother* ou encore le pédiatre Aldo Naouri dans *Les pères et les mères* dénoncent une supposée toute-puissance des femmes et du féminin. La féminisation de la société serait à l'origine de la stagnation économique et intellectuelle de l'Europe. Selon leurs théories, la société maternante gouvernée par les émotions inhiberait toute forme d'autorité puisque l'autorité ne se conçoit à leurs yeux qu'au travers d'un pouvoir phallique-répressif. Zemmour fantasme sur l'Islam et les États-Unis de Georges Bush. « Ces deux modèles répondent déjà à la demande d'ordre qui transpire par tous les pores de la société française, minée par trente ans de désordre féminin. » Les jeunes des cités veulent « niquer la France » ? « Ils vont brûler, détruire, immoler, les symboles de sa douce protection maternante, les écoles, les transports en commun, les pompiers », explique doctement

Zemmour. La fracture sociale, le chômage et la pauvreté n'y seraient donc pour rien. Si tout va mal, c'est à cause des femmes qui ne veulent plus se cantonner aux rôles de maman ou d'objet sexuel. Avec des raccourcis pittoresques, ces messieurs expliquent que l'autorité fout le camp parce qu'«un homme ne bande pas s'il ne domine pas», professe Zemmour reprenant la théorie défendue notamment par Michel Schneider. La voilà donc, la cause de la colère de ces mâles! L'égalité dans le couple étoufferait le désir de l'homme. Sans leur sexualité dominante épanouie, la société se déliterait. Ce que démentent les faits. Les sociétés plus égalitaires des pays du nord de l'Europe ne souffrent pas de sous-développement. Et comme l'explique le psychanalyste Serge Hefez auteur de *Dans le cœur des hommes*, les jeunes générations d'hommes qui vivent l'égalité se disent parfaitement heureux de leur vie sexuelle. Prétendre que la domination masculine est indispensable à l'équilibre des individus et des sociétés est une imposture. Seulement voilà, les tenants des théories machistes disposent du pouvoir suprême: celui de prendre la parole dans les médias. Ce sont de «bons clients», ils attirent l'audience. Mais surtout, ils «font autorité». Ces hérauts de la cause du mâle dominant ne sont pas d'inoffensifs nostalgiques. Ils réactivent des croyances qui sont autant d'entraves à la conquête du pouvoir par les femmes. Médecins connus, ils représentent une vérité scientifique que le commun des mortels a du mal à remettre en question. En guise d'ordonnance médiatique, le pédiatre réputé Aldo Naouri affirme que le père doit garder la bonne distance autoritaire tandis que la mère doit prodiguer les soins au bébé, faute de quoi le bon développement de l'enfant est compromis. Michel Schneider, qui se présente comme «psychanalyste, énarque et haut fonctionnaire», prétend que refuser la domination masculine c'est mettre en péril le couple et la société… ça fait peur. Et la plupart de leurs condisciples pédiatres et psy de reprendre ces théories dans leurs cabinets. Dans le doute et faute de médiatisation comparable des théories opposées, les femmes préfèrent se soumettre aux conseils des bons docteurs. Lorsque l'enfant paraît, elles mettent leur vie sociale et leur carrière professionnelle au ralenti. Avec le sourire. C'est ce que Pierre Bourdieu appelait «la soumission enchantée des femmes». Pendant ce temps, les hommes ont le champ libre pour franchir les étapes qui mènent au pouvoir.

## Un féminisme qui ne dit pas son nom

La société tolère l'émancipation des femmes, mais jusqu'à un certain point. Au nom des intérêts supérieurs de la nation, de nos enfants, de nos couples, le féminisme est banni. D'ailleurs, le mot «féministe» sonne comme une insulte. «Je ne suis pas féministe, mais…» préviennent quasi systématiquement celles qui tentent de se faire une place dans des bastilles masculines. En général elles démontrent le contraire dans la phrase qui suit. Se dire féministe revient à être assimilée à une harpie irresponsable. À être une femme qui agit contre les hommes. Alors que la réalité est tout autre. De même que la lutte contre le racisme n'est pas une lutte des Noirs contre les Blancs, le féminisme n'est pas la lutte des femmes contre les hommes. De même qu'il existe des Blancs antiracistes, il existe des hommes féministes. Le fossé se situe plutôt entre l'élite masculine et les citoyens. Aujourd'hui, de nombreuses études montrent qu'un nombre croissant d'hommes, même très diplômés, aspire plus à un équilibre de vie qu'à une carrière éclatante. Pas forcément par conviction féministe. Mais parce que, face à l'«ingratitude» du monde du travail, la famille et les enfants deviennent des valeurs refuges. Les valeurs des hommes rejoignent celles des femmes. Le clivage est moins net désormais. Mais les hommes qui nous dirigent n'en ont cure.

Alors quelques femmes tentent de prendre en main leur destin et celui de la société. Avocates, hauts fonctionnaires, ingénieures, architectes, chef d'entreprise, manager, universitaires, journalistes, banquières, politiciennes... dans tous les corps de métiers, dans toutes les fonctions, dans toutes les grandes écoles, il existe des réseaux ayant pour vocation d'améliorer la place des femmes. Le *Guide des clubs et réseaux au féminin* en dénombre plus de 200. Il existe même des réseaux de femmes à l'intérieur des entreprises. Réseaux qui se regroupent en « interentreprises » ensuite pour partager leurs expériences et échanger leurs bonnes pratiques. Le Women's Forum for Economy and Society, le « Davos des femmes », créé en 2004 par Aude de Thuin a tout de suite été un succès. Il propose aux femmes une tribune pour exprimer ce qu'elles ont à dire au monde. Il n'existerait pas autant d'associations de femmes si la société était aussi féminisée que le prétendent les détracteurs du féminisme. Contrairement à ce qu'ils craignent, elles ne réclament pas le pouvoir dans sa totalité, mais un meilleur partage.

## Élargir le champ du politique

Jusqu'à une époque récente, l'absence de femmes au sommet s'expliquait par leur arrivée récente dans la vie professionnelle et politique. Insuffisamment expérimentées, elles ne pouvaient pas alimenter les viviers qui conduisent au pouvoir. Aujourd'hui, l'argument ne tient plus. Les femmes ont investi les grandes écoles. 56 % des diplômés de l'enseignement supérieur sont des femmes. Celles qui «réseautent» entre femmes veulent enrayer la machine à broyer les talents qui empêche plus de la moitié des individus d'arriver au sommet. Leur révolution est discrète, «clandestine» affirme Isabelle Alonso dans *Même pas mâle*. Modérées, cherchant le consensus, dépourvues d'agressivité, sans esprit de revanche, leurs revendications prennent forme dans des structures rendues possibles aujourd'hui par la communication numérique (sites Web, blogs et e-mails). Elles ne demandent plus seulement l'égalité des droits mais le pouvoir. Parce que ce n'est que justice, et parce qu'il n'est plus acceptable que les décideurs ignorent les sujets habituellement dévolus aux femmes. Le pouvoir ne peut plus se limiter au versant masculin de la vie de la cité, le foot, l'économie de marché, la géopolitique… Il est temps d'éclairer aussi le versant féminin et d'accorder plus de place à la solidarité, à l'éducation, à la santé… Avec les femmes. Non pas parce qu'elles seraient naturellement ou biologiquement programmées pour s'en occuper. Mais parce que les hommes leur ont abandonné ces sujets depuis longtemps et qu'à leurs yeux ces sujets sont mineurs. Il est temps d'élargir le champ du politique. Mais on en est loin. Car aujourd'hui encore, lorsque les femmes parviennent péniblement au sommet, elles n'ont pas d'autre choix que de se comporter comme des hommes pour se sentir légitimes. Certaines « sur-jouent » ce rôle, l'exemple le plus caricatural étant celui de Margaret Thatcher. Élargir le champ du politique supposerait d'abord que les femmes soient assez nombreuses dans les lieux de décision pour imposer de nouvelles idées. Le *tipping point* se situerait à 30 %. Ensuite, il faudrait que les femmes, arrivées au pouvoir, « déconstruisent », comme disent les philosophes. Qu'elles revoient les postulats qui soustendent telle ou telle politique...

## Changer les règles

La parité nécessite un changement des contours du pouvoir, des règles non écrites qui régissent les moyens d'y accéder et la manière de l'exercer. Ces règles ont été édictées par les hommes à une époque où leurs épouses se consacraient entièrement aux responsabilités du foyer. Dévouement et présentéisme étaient les premiers critères de réussite. Aujourd'hui les critères doivent se recentrer sur la compétence et non sur la présence. La parité nécessite aussi une politique de la petite enfance de grande envergure pour que les femmes ne mettent pas leur carrière au ralenti aux moments les plus déterminants. Ou bien il faut revoir les parcours professionnels pour éviter que les tournants décisifs dans les carrières n'aient lieu au moment où les femmes deviennent mère. Enfin, et c'est sans doute le plus difficile, les femmes doivent lever les freins psychologiques qui bloquent leur ascension. Elles ont le sentiment de ne pas être légitimes dans ces lieux investis depuis toujours par les hommes, elles craignent de ne plus être de «vraies femmes» si elles embrassent des carrières «masculines». Il en va de ce que les psys appellent la «sécurité ontologique». Et puis il y a toujours le fameux «complexe de Cendrillon», selon l'expression de Colette Dowling. Tapi dans l'inconscient des femmes, il trouve son origine dans l'éducation différenciée des garçons et des filles. Les premiers apprennent à conquérir le monde, les secondes apprennent à attendre, le prince charmant, puis l'homme, le patron, la promotion... Adultes, les femmes attendent d'être reconnues tandis que les hommes revendiquent leur juste place... Un homme agressif est perçu comme ayant de l'autorité, une femme agressive est perçue comme une sorcière. Toute une éducation à reprendre! Quelques femmes s'y emploient. En général celles qui réussissent à atteindre les sommets remercient leurs parents ou un mentor de leur avoir donné la confiance néces-saire et la certitude qu'elles étaient parfaitement légitimes quels que soient leurs choix. Ces femmes ouvrent progressivement de petites brèches. L'évo-lution est fragile, lente et incertaine.

I

# Pouvoir politique :
# le fait du prince

## Machisme refoulé

15 mai 2008, palais du Luxembourg à Paris. Un colloque intitulé « la V^e République au Parlement » réunit des représentants politiques et des intellectuels. Seulement des hommes. Y compris dans une table ronde intitulée « le Parlement miroir de la société française ». La jeune association activiste féministe la Barbe a décidé de frapper. À sa manière. Puisqu'il suffit d'avoir quelques poils sur le menton pour détenir le pouvoir, les jeunes femmes se parent d'une fausse barbe et s'installent debout, devant la tribune. Embarras du côté des intervenants. Gérard Longuet qui a la parole à ce moment-là se demande d'abord s'il s'agit de dénoncer les faux-semblants de la politique. Puis les Barbues avancent une rapide explication de texte sous forme de tract. Fidèle à l'habitude qu'ont les hommes politiques d'occuper l'espace vocal, l'ancien ministre de l'Industrie se

lance dans une improvisation qui pourrait nourrir à l'envi des thèses de psys : « J'ai une excuse, je suis marié avec une femme, ce qui est encore assez fréquent, j'ai quatre filles et une mère, et quand j'ai un chien, c'est une chienne. » Tout un programme. Un psy, même débutant, ne peut y voir qu'un refoulement de machisme. (Le monologue est enregistré et consultable sur le site « labarbe.org ».)

À aucun moment, les hommes de la tribune n'exprimeront l'once d'une gêne ou un début de honte. Ils ont le monopole du pouvoir mais ce n'est pas de leur faute. Comme dans nombre de tribunes, ils se retrouvent entre eux. Des femmes, ils en ont invité – pas beaucoup – mais, affirment-ils, elles n'ont pas voulu ou pu venir. Quelques jours avant la tenue de ce colloque, par la magie du numérique, blogueuses et associations de femmes s'étaient indignées. Devant l'avalanche de mails qu'ils avaient reçus, les organisateurs avaient fini par convier, à la hâte, Catherine Procaccia, présentée comme « sénateur » – et non pas « sénatrice » – du Val-de-Marne. Son nom ne figurait pas sur le programme.

Mais le problème ne vient pas tant des organisateurs que d'un monde politique hostile aux femmes. Et parfaitement hypocrite. Il est de bon ton aujourd'hui d'être favorable à la parité, de réprimer toute réflexion misogyne. Au contraire, c'est à qui criera le plus fort: «j'aime les femmes.» Seulement voilà, quand un homme aime les femmes, c'est rarement pour les propulser sur le devant de la scène politique. Comme l'a dit Laurent Fabius, «il est plus facile de laisser sa place à une femme dans l'autobus qu'au Parlement».

## Des progrès à pas de fourmis

Les chiffres l'attestent. Alors que la loi sur la parité a été votée le 6 juin 2000 après un long combat des féministes, en 2008 ses effets ne sont toujours pas flagrants. Les femmes représentent 53 % de l'électorat. Mais la proportion de femmes élues à l'Assemblée nationale en 2007 est de 18,5 %. Des chiffres faibles mais des records historiques pourtant! En 2007, l'Assemblée nationale dépassait enfin le seuil de 10 %. Cependant, 42 % des candidats étaient des femmes (chiffres de l'Insee). Les partis les avaient placées dans les circonscriptions les plus difficiles à gagner. Au Sénat ce n'est pas mieux. La proportion de femmes élues a fini par atteindre 22 % lors des élections de 2008. Elle n'a commencé à dépasser le seuil des 5 % qu'en 2001. Aucune femme ne préside une commission. Du côté des élus locaux, la loi sur la parité n'a pas vraiment eu d'impact sur les maires. Cette loi imposait l'obligation d'établir des listes mixtes alternant des candidats hommes et femmes dans les villes de plus de 3 500 habitants. Résultat relativement positif : la part des femmes parmi les conseillers municipaux est passée de 25,1 % en 1995 à 47 % en 2001 et s'est maintenue en 2008. Mais 91,5 % des maires élus en 2008 sont des hommes. Les partis politiques ont bien appliqué la loi « chabada-bada », mais ils ont investi 83,5 % d'hommes têtes de liste (source : Observatoire de la parité). Idem pour les cantonales. Les hommes ont raflé 87 % des sièges de conseillers généraux.

En Région, où la loi « chabada-bada » s'applique, même schéma, 48 % des conseillers régionaux sont des femmes. Mais une seule est présidente. De façon générale, la partie de la loi la mieux appliquée est celle prévoyant des pénalités. En décembre 2005, l'Observatoire de la parité constatait qu'aucun des partis politiques français n'avait respecté la loi sur la parité pourtant votée à l'unanimité ou presque. Ils préféraient les sanctions financières à la mise en place d'actions vigoureuses de discrimination positive. L'UMP a réglé une amende de 4,2 millions d'euros en 2004, le PS, 1,6 million, le PCF, 124 000 euros. Depuis la situation s'est à peine améliorée. Les élus ont voté d'une main ce qu'ils rechignent à appliquer de l'autre.

La France ne fait pas partie des démocraties les plus *women friendly*. Elle a été une des dernières grandes démocraties à donner le droit de vote et d'éligibilité aux femmes en 1944, contre 1906 en Finlande, 1919 en Allemagne, 1920 aux États-Unis et au Canada, 1928 au Royaume-Uni pour ne citer que quelques exemples. Elle fait aussi partie des nations qui concèdent les plus faibles places aux femmes dans son Parlement. Un rapport publié en mai 2008 par l'Union interparlementaire (UIP) indique que seulement 18 % des législateurs dans le monde sont des femmes. Ce qui est très loin du seuil critique de 30 % jugé nécessaire pour qu'elles influencent réellement la gestion des affaires. Dans ce classement, les « vieilles démocraties » sont très mal représentées par rapport aux pays émergents. La France est 65e en 2008. Les avancées les plus spectaculaires ont eu lieu en Afrique et en Asie. Certains pays se distinguent dans leurs efforts comme l'Espagne (41 % de femmes), la Suède (46 %), la Norvège (53 %), la Finlande (60 %). Cette lenteur n'est pas due à la passivité des femmes ou des institutions. Les Nations unies organisent des conférences mondiales sur les femmes depuis plus de 30 ans. Lors de la première conférence qui a eu lieu à Mexico en 1975, 11 % seulement des sièges dans les parlements étaient occupés par des femmes. Depuis, peu de chose a bougé.

À la tête des États, les femmes ne sont pas légion. On ne compte qu'une dizaine de femmes aux rangs les plus élevés de l'exécutif dans les quelque 191 pays du monde. À peine plus de 5 % de femmes parmi les présidentes de la République et les cheffes de gouvernement. Les « petits pays » ont été les premiers à ouvrir la voie, puis de plus grands ont suivi. En 2008, on peut citer Mary McAleese en Irlande, Tarja Halonen en Finlande. Christina Kirchner en Argentine, Pratibha Patil en Inde, Michelle Bachelet au Chili, Ellen Johnson-Sirleaf au Liberia, Gloria Macapagal aux Philippines, Angela Merkel en Allemagne, Helen Clark en Nouvelle-Zélande, Luisa Dias Diogo au Mozambique. Cette accession des femmes à la magistrature suprême est récente. Mais désormais il est envisageable de changer le sexe du pouvoir.

## La classe politique résiste à l'opinion

Pourtant, en France au moins, l'opinion est dans de bonnes dispositions. Environ 90 % des Français sont prêts à voir une femme devenir présidente de la République, assuraient les sondages lors des élections présidentielles de 2007. Les militants socialistes qui ont voté à 61 % pour Ségolène Royal lors des primaires le 16 novembre 2006 l'ont montré. Alors pourquoi la féminisation des élites politiques est-elle si lente ? Pourquoi un tel décalage entre société civile et classe politique ? Sans doute parce que ceux qui détiennent le pouvoir en raison de leur sexe n'ont pas l'intention de lâcher ce privilège. Longtemps, les partisans de la parité ont crié dans le désert. François Mitterrand avait fait des « droits égaux pour les femmes » une proposition électorale en 1981 puis créé un ministère des Droits des femmes à part entière confié à Yvette Roudy. On parlait d'égalité de droits, pas encore de partage du pouvoir. Il a fallu attendre l'élection présidentielle de 1995 pour que la question de la place des femmes au pouvoir politique devienne un thème de campagne électorale. Le travail des militantes a fini par payer. Elles ont remis sur le métier l'ouvrage d'une loi sur la parité qui avait été votée en 1982 et retoquée par le Conseil constitutionnel aussitôt. Ces femmes interpellent les politiques avec par exemple en 1992 *Au pouvoir citoyennes ! Liberté, égalité, parité* (livre de Françoise Gaspard, Claude Servan-Schreiber et Anne Le Gall). Puis elles demandent aux candidats de s'expliquer. En 1995, le Conseil national des femmes françaises réunit une salle comble du Palais des Congrès pour demander à Édouard Balladur, à Jacques Chirac et à Lionel Jospin, de présenter leur programme « Femmes ». Ces manifestations préparent le terrain de la révision constitutionnelle préalable à la loi sur la parité. Les débats nourris entre les pro- et les antiloi ont le mérite de porter sur la place publique et dans les médias la question de la féminisation des élites. Et de rendre la situation inacceptable pour le plus grand nombre. Les deux camps sont d'accord sur la nécessité d'une évolution mais en désaccord sur des questions philosophiques. Le sujet devient politique. On connaît la suite : révision constitutionnelle en 1999 et loi organisant les scrutins en 2000. Mais cette loi n'a pas changé les mœurs des dirigeants politiques d'un coup de baguette magique.

## Femmes symboles

Paradoxalement, les femmes ont plus de mal à être élues qu'à entrer dans les gouvernements. Un obstacle de taille se dresse devant elles : être désignées par les partis pour se présenter devant les électeurs. Mais si les chefs des partis peuvent s'abriter dans les alcôves des marchandages politiques pour écarter les femmes, les chefs de gouvernements, eux, ne peuvent se dérober devant l'opinion. Ainsi, le pourcentage de femmes a quasiment toujours été plus élevé dans les gouvernement qu'au Parlement. Comme l'écrit Geneviève Fraisse, philosophe, qui fut déléguée interministérielle aux droits des femmes de 1997 à 1998, les femmes « gouvernent mais ne représentent pas » (*Libération*, 13 septembre 1995). Avant même qu'elles n'aient le droit de vote, Léon

Blum fait entrer trois femmes dans le gouvernement – sous-secrétaires d'État – en 1936. Sollicitant
Suzanne Lacore (chargée de la protection de l'enfance), il écrit : « Vous n'aurez pas à diriger mais à
animer. Vous aurez surtout à être là car votre seule
présence signifie beaucoup de choses » (citée par
Siân Reynold dans *Un siècle d'antiféminisme*). La
présence des femmes dans un casting gouvernemental est en effet un signal positif pour toutes les
femmes : leur accès au pouvoir est possible. Lorsqu'un gouvernement nomme davantage de femmes,
c'est un progrès pour la démocratie, pour la société
et pour la place des femmes au pouvoir. Ensuite tout
dépend des postes attribués à ces femmes, de leur
durée de vie dans le gouvernement en question et de
la marge de manœuvre qui leur est laissée. Depuis
Blum, il est encore difficile pour elles de diriger plus
que d'animer, de décider plus que de remplir une
fonction symbolique.
Les femmes doivent leur accès aux responsabilités
au « fait du prince ». Lequel peut être d'humeur capri-
cieuse. Celles qu'on a appelées les « juppettes » en
ont fait les frais. En 1995, douze femmes sont nommées dans un gouvernement qui en comptait pour la
première fois 28 %. Au premier orage, huit d'entre
elles disparaissent du gouvernement « Juppé 2 » qui
tombe à 12 % de femmes. L'épisode « juppette » ne

marquait pas l'avènement des femmes au pouvoir mais une diversion politicienne. Dix ans plus tard, un schéma analogue se reproduit. Les chiffres du chômage sont en hausse. Resserrement gouvernemental. Les femmes s'éclipsent. Le gouvernement formé par Dominique de Villepin en 2005 ne compte plus que six femmes dont quatre ministres déléguées et le ministère de la Parité n'est plus qu'un ministère délégué. Jusqu'en 2006 on ne confie aux femmes ni les Finances, ni l'Intérieur, ni les Affaires étrangères.

En 2007, le premier gouvernement nommé à la suite de l'élection de Nicolas Sarkozy est annoncé avec de grands effets de manches : il sera paritaire ! Il compte 7 femmes sur 15 ministres et 4 femmes sur 17 secrétaires d'État. Au total 11 femmes sur 33 membres, soit un tiers. Ce n'est pas une stricte parité mais ce chiffre est le plus élevé jamais atteint en France. Mieux : les femmes sont en charge de trois portefeuilles parmi les plus lourds : l'Économie, les Finances et l'Emploi pour Christine Lagarde, l'Intérieur pour Michèle Alliot-Marie et la Justice pour Rachida Dati.

Les observateurs ne peuvent s'empêcher de voir dans certaines femmes de ce gouvernement une double fonction symbolique : certaines représentent la « parité » et la « diversité » en étant issues de l'immigration. Leur présence est une démonstration d'engagement paritaire qui semble être largement suffisante aux yeux du gouvernement puisque du même coup est supprimé le secrétariat d'État en charge des questions d'égalité entre hommes et femmes. Peuvent-elles réellement donner un nouveau visage à la politique ? Vont-elles animer ou décider ? Dès que l'une d'entre elles ose sortir des sentiers battus, un message subliminal semble se glisser : « Sois belle et tais-toi ». Lorsque Nathalie Kosciusko-Morizet, la secrétaire d'État à l'Écologie, a bafoué les règles élémentaires de génuflexion politicienne en dénonçant le « concours de lâcheté » de deux grands responsables politiques, les ténors de l'UMP, indignés, lui ont vite signifié qu'elle devait se soumettre ou se démettre. Elle défendait juste l'idée saugrenue de tenir les engagements pris par ces ministres lors du Grenelle de l'environnement. Devant leur colère mâtinée de paternalisme, elle a dû présenter des excuses publiques, et subir une punition : renoncer à accompagner le Premier ministre à un voyage officiel au Japon.

La leçon vaut pour toutes les autres. Pour rester au pouvoir il faut se plier aux règles de « l'éternel masculin ». Occuper le terrain et l'espace vocal, élaborer des stratégies d'alliances, obéir au chef de bande, être agressif... Les femmes sont mal à l'aise avec ce type de comportement. Traduire en actes les idées que l'on défend, affirmer ses convictions semblent être des défauts bien féminins. Les hommes qui n'ont pas adopté les règles des mâles dominants ont été écartés du pouvoir avant d'arriver au sommet. Les femmes qui ont été nommées au gouvernement sans avoir eu le temps de se familiariser avec ces lois non écrites doivent les apprendre en accéléré. Pour se maintenir au pouvoir une ministre doit défendre le clan qui l'a faite reine et non les convictions qui l'habitent.

Néanmoins, au lendemain de l'incident, un sondage montrait que plus des trois quarts des Français soutenaient Nathalie Kosciusko-Morizet. De même, le franc-parler de Rama Yade semblait plaire aux citoyens. Les femmes du gouvernement ouvrent une brèche féminine dans le pouvoir mâle. Les Français semblent les encourager lorsqu'elles changent les règles non écrites de la politique. Cette stratégie fera-t-elle long feu? « C'est après la foire que l'on compte les bouses », philosophe Roselyne Bachelot dans *le Figaro* du 11 août 2008. Pour l'instant en tout cas, les mâles de l'UMP semblent avoir fait plier l'impétrante. Le fossé entre l'opinion et la classe dirigeante reste béant.

## Démocraties incomplètes

Résultat : le champ du politique est limité aux centres d'intérêts des hommes qui nous gouvernent. Nous vivons dans des « démocraties incomplètes » fait remarquer l'Union interparlementaire. Seul le versant masculin de la vie de la cité est valorisé : la guerre économique, la politique internationale, la politique politicienne. Le versant laissé aux femmes reste dans l'ombre. Tout ce qui relève de la famille, de la solidarité et de la santé fait en général l'objet de petits ministères avec peu de moyens. Auparavant, ces ministères étaient en priorité confiés aux femmes. Aujourd'hui les femmes sont sorties du ghetto mais ces questions de société restent mineures. « Quand vous donnez le pouvoir aux femmes, vous donnez le pouvoir à la société », affirme pourtant Yassina Fall, conseillère économique principale au Fonds de développement des Nations unies pour la femme. Quand, dans un gouvernement, les femmes atteignent le seuil critique à partir duquel elles peuvent imposer leur vision de la vie de la cité, le champ du politique s'élargit. Dans les pays du nord de l'Europe où le pouvoir est féminisé comme en Suède, la « petite enfance » fait l'objet d'une politique nationale de grande envergure. Ce qui profite aux femmes qui ne sont plus acculées à sacrifier leur vie professionnelle pour leurs enfants. Mais aussi aux hommes, heureux de pouvoir profiter de leur vie familiale. Et à la société tout entière, qui se prépare un avenir serein en accueillant les nourrissons dans des nids douillets. En France l'arrivée d'un enfant se traduit souvent par une course d'obstacles… Et les tentatives politiques pour y remédier sont bien minces. On doit la plus importante à Ségolène Royal. Lorsqu'elle était ministre déléguée à la Famille en 2002, elle a fait passer de 3 à 11 jours le congé de paternité et a augmenté le nombre de places en crèche. Ce n'était pas une politique d'envergure, mais c'était sans doute le maximum de ce que pouvait supporter un gouvernement masculin. La question de la politique de la petite enfance était sortie de la clandestinité… Et elle y est retournée. Les exemples d'absence de considération pour la moitié féminine de la population dans les politiques publiques sont légion. Lorsque les femmes du PS notamment affirment que la politique du «travailler plus pour gagner plus» est une régression pour l'égalité hommes/femmes parce que les femmes ne peuvent en bénéficier en raison des responsabilités familiales qui pèsent sur leurs épaules, elles sont quasiment inaudibles. Ce n'est pas sur ce thème-là que l'opposition combat l'idée sarkozienne. Lorsque la garde des Sceaux, Rachida Dati, critique la «politique des grands frères», elle montre que la vie de la cité est faite par et pour les hommes. Sa colère est sortie à l'Assemblée nationale lorsqu'elle était mise en cause dans l'affaire du jugement prononçant l'annulation d'un mariage pour cause de non-virginité de l'épouse en juin 2008 (décision annulée depuis). Ce qu'on a appelé a posteriori la «politique des grands frères» est née dans les années 1990 pour tenter de sortir les quartiers difficiles de la violence. Il s'agissait, par le biais de contrats emploi solidarité notamment, de faire en sorte que des jeunes garçons issus des quartiers donnent l'exemple, recadrent les plus jeunes en proie à la violence, restaurent une autorité masculine disparue. Rien n'a été fait pour les filles, qui souffraient autant que les garçons de la misère et du désœuvrement. Elles subissaient, en plus du chômage et de la pauvreté, une certaine forme de violence et d'enfermement. Mais elles ne brûlaient pas de voitures alors le politique ne s'est pas intéressé à elles. En valorisant les grands frères, les femmes ne pouvaient plus incarner l'autorité. Gênant quand on sait que la majorité des enseignants sont des enseignantes et que, dans plus de 80 % des familles monoparentales, les enfants sont élevés par la mère seule.

«Le privé est politique», disaient les féministes dans les années 1970… En France, tant que les femmes n'auront que quelques miettes de pouvoir, le privé restera privé, caché, hors champ. Tant que les femmes seront inférieures en nombre au pouvoir et complexées à l'idée d'évoquer des sujets qui inté-ressent en priorité la moitié de l'humanité à laquelle elles appartiennent, la démocratie sera incomplète.

## Violence dissuasive en milieu politique

La politique est un champ de bataille. Pour les deux sexes. Mais les armes utilisées contre les femmes sont des armes de destruction massive. Lorsqu'une femme est insultée, ce n'est pas pour ce qu'elle dit ou pour ce qu'elle fait mais pour ce qu'elle est, simplement parce qu'elle est une femme. Du coup, toutes les femmes peuvent se sentir concernées par les insultes qu'une responsable politique essuie. Sexualité, maternité et, corollaire de cela, présomption d'incompétence sont les trois registres dans lesquels puisent les machos de la politique. Une femme arrive au sommet ? Elle a dû coucher... Les annales de la misogynie politique regorgent d'insultes proférées jusqu'au Palais-Bourbon. D'Édith Cresson surnommée « la Pompadour » à Élisabeth Guigou dont les affiches étaient barrées de la mention « 36-15 Tonton » pour les cantonales de 1994, en passant par cette réflexion tombée de la bouche d'un député lorsqu'une de ses collègues évoquait le viol d'une policière : « Ce n'est pas à vous que ce serait arrivé ». Ces insultes peuvent anéantir celles qui en sont l'objet, et intimider toutes les candidates potentielles au pouvoir politique. Elles sont parfois proférées par des femmes qui ont intégré la culture du mépris généralisé de leur sexe. Lorsqu'Édith Cresson était ministre de l'Agriculture, des agricultrices défilaient avec une pancarte: «Édith, nous t'espérons meilleure au lit que ministre». Ces insultes n'appartiennent pas à des temps immémoriaux. C'est pour tenter d'y mettre fin qu'avaient été créées les Chiennes de garde en 1999. Entre leurs actions bruyantes et la révolte de certaines femmes politiques exigeant des excuses, l'expression de réflexions misogynes a été bannie petit à petit au Parlement. Le machisme s'inscrit désormais dans le registre du refoulé comme l'a montré Gérard Longuet (voir plus haut). Le mépris des femmes est toujours de mise, moins brutal, plus larvé. La dernière campagne électorale l'a montré.

Les hommes politiques ne se sont pas privés de dire que la candidature de Ségolène Royal réduisait l'élection présidentielle à un concours de beauté. L'un a fait mine de s'inquiéter: «Qui va garder les enfants?» Certains l'ont même envoyée à ses fiches cuisine. Pour elle, l'usage du prénom seul était généralisé dans les médias alors que ni Olivier (Besancenot), ni José (Bové), pas plus que n'importe quel candidat masculin ne subissait un tel traitement. Les concurrents et «amis» de la candidate ont profité à l'envi de sa gaffe sur le mot «bravitude» alors qu'au même moment le mot «héritation» (au lieu d'héritage) prononcé par Nicolas Sarkozy est passé inaperçu. Alors que Ségolène Royal avait une carrière plus longue et plus nourrie que celle de François Bayrou, elle passait pour une novice en politique. Au lieu de faire bloc avec elle contre le clan adverse, et alors même qu'elle avait été élue candidate par son parti, ses «amis» en ont rajouté dans le côté «elle n'a pas la carrure, les épaules, l'étoffe, la présidentiabilité». Au fond, il lui manquait la testostérone qui sied au pouvoir. Certains, comme Michel Rocard sont même allés jusqu'à lui suggérer de se retirer à leur profit entre les deux tours. Lionel Jospin qui pourtant n'avait même pas passé le premier tour à l'élection présidentielle de 2002 s'est permis un pamphlet vengeur contre la candidate.

À travers ces attaques, toutes les femmes sont priées de comprendre qu'il ne faut pas sortir des rôles subalternes qui leur sont dévolus. Trop féminines, elles sont suspectées de réussir en couchant. Pas assez féminines, elles sont suspectes aussi. Combien de fois a-t-on demandé à celles qui n'avaient pas d'enfant, si elles avaient le sentiment d'avoir raté leur vie de femme? Prostituées ou masculines, les femmes doivent comprendre qu'elles ont toujours tort. Elles marchent sur un fil. Les premières à investir l'Assemblée nationale ont joué les passe-murailles. Elles adoptaient des tailleurs gris très masculins et le comportement qui va avec. Un peu comme si les hommes leur avaient dit: «entrez mais faites comme chez nous», comme si elles devaient faire oublier leur féminité. Puis quelques-unes se sont enhardies, comme Roselyne Bachelot arborant de magnifiques tailleurs roses et s'asseyant sur les commentaires. Ségolène Royal a affiché sa féminité et a parlé de la maternité. La sienne. Et n'a pas hésité à dire qu'elle avait une autre façon de penser la politique, justement parce qu'elle était femme et mère. Ça lui a été reproché. L'intime, le privé ne devait pas entrer en politique. Mais, au fond, lui reprochait-on d'étaler sa vie privée, ou de placer la vie des femmes dans une perspective politique? Dans le même temps, le jogging matinal de Nicolas Sarkozy était filmé sous toutes ses formes. Belle démonstration de virilité. Le candidat n'avait pas hésité, lui aussi, à montrer son fils prenant son repas en famille... Sans essuyer autant de reproches.

Malgré ses audaces, la candidate malheureuse n'est pas allée au bout de son ambition de féminiser la politique. Pourtant dans un de ses premiers discours au gymnase Japy à Paris le 13 novembre, juste avant les primaires socialistes, elle n'avait pas hésité, sous les hourras des militants, à prendre des accents gaulliens. «Mon combat pour la laïcité, c'est pour vous femmes voilées, femmes mutilées, femmes excisées, femmes violées, femmes infériorisées, femmes écrasées [...] Inégalités salariales, violences faites aux femmes, mariages forcés, inégalités dans la formation professionnelle, inégalités dans l'emploi. Mon combat pour la laïcité, c'est pour vous. » Elle affirmait haut et fort que la première loi qu'elle ferait voter serait une loi contre les violences faites aux femmes... Et puis au fil de la campagne sont revenus les thèmes traditionnels de la politique. C'était trop tôt pour l'opinion sans doute. Elle a fini par dire la politique comme un homme. Un de plus.

## Encore un long chemin

Certes, les femmes avancent en politique. Mais nous vivons toujours dans des « démocraties incomplètes ». Les solutions pour y remédier sont connues : en finir avec le cumul des mandats pour régénérer la classe politique, aider au financement des campagnes électorales des femmes, rester ferme sur les quotas et clarifier, dans chaque parti, les règles de désignation des têtes de liste. Changer les règles du jeu et les pratiques inadaptées aux femmes... Et aux hommes qui s'investissent dans la vie de famille. Mais ce n'est pas simple. Lorsqu'elles sont arrivées à parité à la mairie de Paris en 2001, les adjointes fraîchement élues ont installé plusieurs règles : décaler les réunions de 8 heures 30 à 9 heures (pour accompagner les enfants à l'école). Interrompre les séances du conseil de Paris à 20 heures 30. Ces nouvelles pratiques ont tenu quelques mois, puis les vieilles habitudes ont repris le dessus.

Au-delà de la vie politique, c'est le contexte dans lequel elle s'inscrit qu'il faut faire évoluer. Sur un plan matériel : améliorer la répartition des tâches domestiques dans les couples et les systèmes de garde des enfants afin de libérer les femmes pour des activités politiques. Sur un plan intellectuel : il faut en finir avec le mépris des femmes. Elles ne pourront asseoir leur crédibilité en politique que si une culture d'égalité se développe dans la société tout entière. La solution la plus pertinente semble être celle adoptée par l'Espagne depuis la nomination d'un gouvernement paritaire qui veut agir sur tous les fronts de l'égalité hommes/femmes. En 2004, la première initiative législative de Zapatero a été une loi contre les violences faites aux femmes dans les domaines de l'éducation, de la santé, des médias, des entreprises, de la culture... Faute d'avoir une vision d'ensemble, le Parlement pourra voter autant de lois sur la parité en politique qu'il voudra, elles seront détournées dans l'indifférence générale d'une opinion publique conditionnée pour accepter la domination masculine. Et le champ du politique restera restreint aux préoccupations des hommes politiques.

# II

# Pouvoir économique : et pourtant, elles assurent !

Chaque année, début juillet, Aix-en-Provence accueille les «rencontres économiques», un moment de réflexion convivial, organisé par le Cercle des économistes. Chercheurs, chefs de (très grandes) entreprises, journalistes... Près d'une centaine d'intervenants se relaient sur les tribunes. En 2007 on comptait à peine trois femmes sur une centaine d'intervenants. Pas davantage du côté des organisateurs chargés de lancer les débats et de les synthétiser. Pas mieux non plus du côté des journalistes chargés de les animer. En 2008, neuf femmes intervenaient, toujours au milieu d'une centaine d'hommes. Ce colloque n'est qu'un exemple parmi de très nombreux autres. Dans le monde de l'économie, la place est bien gardée. Les femmes ont les pires difficultés pour atteindre les sommets.

Elles sont moins de 9 % dans les conseils d'administration du CAC 40 en France. Une seule femme a assuré la direction d'une de ces 40 plus fortes capitalisations boursières, pendant presque deux ans. Il avait fallu aller la chercher aux États-Unis. Patricia Russo était en effet devenue directrice exécutive d'Alcatel Lucent en 2006 au moment de la fusion entre Alcatel et l'américain Lucent Technologies, dont elle était PD-G. Mais l'échec de la fusion l'a poussée dehors et, fin 2008, il n'y a plus aucune femme dirigeante de ces riches sociétés. Cinq d'entre elles ne comptent aucune femme dans leur conseil d'administration. Aux manettes du pouvoir, dans les comités exécutifs, ce n'est pas mieux, ils sont composés d'hommes à 94 %.

Si on élargit l'observation aux 500 premières sociétés françaises, ce n'est guère plus brillant. Une étude réalisée par Action de femme à partir du *Guide des états-majors 2008* analyse la présence des femmes dans les comités de direction (codir) et les comités exécutifs (comex): 26 % n'ont pas de femme dans leurs instances décisionnelles (conseil d'administration) et dans leurs instances opérationnelles (codir et comex). 13,53 % de femmes sont directrices dans les instances opérationnelles et elles occupent 8,01 % des mandats dans les conseils d'administration. Lorsque les femmes entrent dans le *top mana-*

*gement*, c'est en général sur les directions de communication (30 % des postes), ressources humaines (11 %), et, de plus en plus finance, audit (6,6 %) ou juridiques (5,8 %). L'évolution est lente et très frustrante pour les diplômées des grandes écoles qui imaginaient partir avec les mêmes chances que les garçons.

## Parité égale rentabilité

Et pourtant, elles assurent. Les entreprises qui ont une plus forte représentation de femmes dans leur comité de direction ou dans leur équipe de management ont aussi les meilleurs résultats financiers. C'est la conclusion de deux études menées à quelques mois d'intervalle sur des panels d'entreprises internationales par l'ONG nord-américaine Catalyst aux États-Unis puis par le cabinet de consultants McKinsey, à l'occasion du *Women's Forum for the Economy & Society* en 2007. Les entreprises s'approchant de la parité aux postes de direction enregistrent une rentabilité supérieure de 10 % à la moyenne de leur secteur d'activité. Et leur résultat d'exploitation serait supérieur de 48 % à la moyenne. Du coup, en Finlande, deux banques (Aalandsbanken et Tapiola Bank) ont lancé conjointement « Top Women », une obligation bancaire investie dans des entreprises « sélectionnées pour leur forte rentabilité et la proportion de femmes y occupant des postes à responsabilité». L'obligation est constituée par un panier d'actions de 15 multinationales parmi lesquelles figurent les américaines 3M (adhésifs, Scotch et Post-it) et Kellog's (alimentaire), la Britannique Centrica (énergie), les banques suédoises SEB et Swedbank, ou encore l'opérateur de télécommunications norvégien Telenor.

En France, cette initiative n'a pas encore fait d'émules. Même en essayant de convaincre les dirigeants de leur propre intérêt par l'argument de la rentabilité, ces derniers se soucient comme d'une guigne de la parité à la tête des entreprises. Un autre argument en faveur des femmes cadres commence à faire son chemin dans l'esprit des responsables des ressources humaines: en raison du papy-boom, les entreprises risquent d'avoir du mal à recruter et à garder des cadres de haut niveau. Il devient impératif d'éviter que dès la trentaine, les femmes ne soient perdues pour la cause dirigeante. C'est un discours émergeant mais pas encore suivi d'actions énergiques.

## Déni

Le premier obstacle à franchir pour aller vers la parité au sommet de l'économie est le déni et la déresponsabilisation. Deux tiers des femmes estiment que, à compétences égales, les parcours professionnels des femmes sont différents de ceux des hommes tandis que deux tiers des hommes ne voient aucune différence. C'est ce que constatait une étude de « Grandes Écoles au féminin » (GEF) menée auprès des hommes et des femmes diplômées des neuf plus grandes écoles en France (ECP, ENA, ENPC, ESCPEAP, ESSEC, HEC, INSEAD, les Mines et Polytechnique) en 2007. Pourtant, indique l'étude, hommes et femmes diplômés des grandes écoles ont les mêmes ambitions, le même investissement professionnel, des taux d'activité similaires, travaillent pour la grande majorité à plein temps et ont un temps de travail identique (plus de 50 heures par semaine)… Pour des résultats très différents. Après les mêmes études et à âge égal, 41-50 ans, seules 28 % des femmes siègent au comité de direction, contre 43 % des hommes. Les hommes encadrent davantage (76 % contre 63 % pour les femmes) et sont responsables d'équipes plus importantes : 32 % des hommes dirigent des équipes de plus de 50 personnes contre seulement 18 % des femmes. L'écart de salaire est perceptible dès le premier emploi (18 % avant 30 ans) et s'accentue au fil de la carrière (24 % pour les 46-50 ans).

Lorsqu'ils sont interrogés sur le sujet, les dirigeants – des hommes en majorité – ne voient pas où est le problème. Si l'on insiste un peu, ils donnent toujours les mêmes explications, la mine navrée : ils ne trouvent pas de femmes dans les viviers de hauts potentiels. Et de rejeter la faute sur ceux qui ont bâti (ou détruit) leur parcours professionnel. Lesquels se tourneront vers les écoles qui ne forment pas assez d'ingénieures par exemple, qui, à leur tour, imputeront la responsabilité à l'orientation des élèves. Seront ensuite en cause les professeurs des lycées et des collèges puis les parents – surtout les mères – et les mœurs qui décidément n'évoluent pas. Évidemment, la maternité sera montrée du doigt comme une fatalité incompatible avec un bon déroulement de carrière. Personne n'est responsable, personne n'est coupable.

Pour alimenter le déni, plusieurs arguments reviennent systématiquement, arguments dont les femmes, parfois, se sont aussi saisies. D'abord, chacun y va de son exemple isolé : « Je ne suis pas sexiste, j'ai nommé une femme à un poste important » et d'oublier toutes les autres qui ont vu passer devant elles des hommes pas forcément meilleurs. C'est un peu comme dire : « Je ne suis pas raciste, j'ai un ami noir ». Deuxième argument, culpabilisant : « C'est pire chez les autres ». Certes, il y a toujours des entreprises dans lesquelles les femmes sont plus maltraitées. Il y a aussi des personnes qui meurent de faim dans le monde, ce n'est pas ça qui doit rendre l'injustice acceptable. Troisième argument : « Je suis contre la discrimination positive, ce serait humiliant pour une femme d'être nommée uniquement parce qu'elle est une femme. » Erreur d'interprétation : le problème est envisagé à l'envers. Il existe de fait une discrimination positive envers les hommes. Si le législateur prend des mesures coercitives qui peuvent ressembler à de la discrimination positive, ce n'est pas pour favoriser les femmes, c'est pour éviter qu'elles ne soient bloquées précisément en raison de leur sexe. Il ne s'agit pas de créer une injustice contre les hommes mais d'en réparer une bien pire envers les femmes. Et puis, argument massue : la parité se fera bien toute seule, c'est dans l'ordre des choses. Faux ! À chaque fois que les femmes ont progressé dans l'égalité avec les hommes, ce fut à l'issue de durs combats de la part des législateurs et législatrices mais aussi et surtout de la part de celles et ceux qui ont fait appliquer les lois.

Dernier épisode : le 23 février 2006, le Parlement adoptait la loi sur l'égalité salariale entre hommes et femmes après de houleux débats. Parmi les mesures les plus discutées, le texte prévoyait d'imposer aux conseils d'administration ou de surveillance des entreprises de rechercher « une composition équilibrée entre les femmes et les hommes.» Il fallait arriver à une proportion maximale de 80 % d'administrateurs du même sexe. Autrement dit, ces instances devaient accueillir 20 % de femmes. Les entreprises avaient cinq ans pour se conformer à cette exigence. Devant le danger, le Conseil constitutionnel s'est autosaisi de la question jugeant que cette disposition était contraire au principe selon lequel «les hommes naissent et demeurent libres et égaux en droit». Il a fallu attendre la révision constitutionnelle du 23 juillet 2008 pour que Marie-Jo Zimmermann, députée de la Moselle et rapporteure de l'Observatoire de la parité puisse faire passer un amendement permettant de «favoriser l'égal accès des femmes et des hommes aux responsabilités professionnelles et sociales». Pour que la parité professionnelle soit inscrite dans la constitution au même titre que la parité politique. Reste encore à adopter des lois qui rendent contraignante cette parité. Mais il y a tout lieu de croire qu'une loi seule ne suffira pas à résoudre le problème.

L'histoire montre en effet que lorsque les lois sont votées, elles ne sont pas forcément appliquées. La législation sur l'égalité professionnelle a commencé à se muscler vraiment en 1972 avec la fameuse loi «à travail égal, salaire égal». Puis en 1983, la loi Roudy a réformé le Code du travail et le Code pénal pour favoriser l'égalité professionnelle entre hommes et femmes. Quelques améliorations ont été observées au début des années 1980 sans parvenir à l'égalité. Puis la situation a stagné. La loi Genisson votée en 2001 devait renforcer le dispositif de 1983. Elle prévoyait d'organiser des négociations spécifiques entre partenaires sociaux et exigeait que les entreprises réalisent un «rapport de situation comparée» (RSC) entre hommes et femmes, un document faisant le point sur les inégalités de salaires mais aussi sur la formation ou les évolutions de carrière. Ce rapport devait servir de base à une démarche de progrès vers l'égalité. Cinq ans plus tard, une enquête de l'IFOP constatait que 72 % des entreprises n'avaient jamais réalisé ce document. Pourtant, les sanctions prévues sont de taille. Tout salarié – et pas seulement les représentants du personnel – peut demander à sa direction de réaliser ce RSC. Si cette dernière refuse, elle commet un délit d'entrave et encourt des sanctions pénales et financières. Malgré cet arsenal législatif, la loi n'a été que très peu appliquée. Les représentants des syndicats, de leur côté, ayant souvent des sujets plus importants à traiter...

C'est ainsi: les femmes ne se bousculent pas pour faire respecter leurs droits. Le summum du déni est atteint lorsqu'on examine les statistiques de la Haute

Autorité de lutte contre les discriminations et pour l'égalité (la Halde). Créée en 2004, cette autorité administrative indépendante est compétente pour toutes les formes de discrimination prohibées par la loi. Elle peut être saisie ou se saisir d'office de tout cas de discrimination lié au racisme, à l'intolérance religieuse, au rejet du handicap, à l'homophobie et bien sûr au sexisme. Étant donné les statistiques montrant que les femmes sont payées jusqu'à 25 % de moins que les hommes et obtiennent moins de promotions, on pouvait s'attendre à voir la Halde submergée de recours. Il n'en est rien. Le sexisme ne représente que 6 % des plaintes enregistrées et encore, dans la moitié des cas il s'agit d'hommes formulant des requêtes notamment sur des questions de retraites plus avantageuses pour les femmes que pour les hommes ayant trois enfants. Comme l'explique Louis Schweitzer, président de la Halde, les femmes ont intériorisé l'idée qu'il était normal qu'elles soient moins bien traitées que les hommes. Elles n'ont pas conscience d'être discriminées. Elles semblent accepter leur sort. Mais « la résignation n'est jamais un facteur de progrès », rappelle-t-il à longueur de colloques et d'interviews.

Bien sûr, certaines femmes parviennent au sommet. Régulièrement, le 8 mars en général (journée des femmes), la presse économique consacre des dossiers aux dirigeantes pour dire à quel point elles sont méritantes d'arriver à concilier leur vie de famille et leurs responsabilités professionnelles. Ce sont toujours les mêmes noms qui reviennent: Anne Lauvergeon chez Areva, Françoise Gri, ex-patronne d'IBM France puis directrice générale de Manpower, Dominique Reiniche, DG de Coca-Cola Europe, Patricia Barbizet, qui préside Artemis, et est membre du conseil d'administration de neuf sociétés différentes...

Ces femmes sont méritantes mais exceptionnelles. Et représentent un alibi facile: si les femmes veulent réussir, elles peuvent! Pas si simple. C'est ce que disent précisément ces «exceptions» lorsqu'elles créent des réseaux. Pour elles, le parcours a été semé d'embûches. Elles se sont senties seules et incomprises dans les milieux économiques réservés aux hommes. Elles ont dû en faire plus que leurs homologues masculins pour arriver au même résultat. Elles savent mieux que personne que les femmes n'investiront pas les lieux de pouvoir tant que les règles du jeu en entreprise ne bougeront pas. En réseau, elles s'emploient à déminer le terrain pour celles qui vont les suivre. Ce sont finalement les femmes les moins victimes de discrimination qui se retroussent les manches, une fois que la plus grande partie de leur ascension professionnelle est derrière elles. Sans le vouloir vraiment, elles ont repris l'idée du cheval (de la jument?) de Troie. Ces managères ont gravi les marches en adoptant les codes et les règles non écrites du pouvoir des hommes : disponibilité, présentéisme, prise de parole intempestive, visibilité, culte du chef, réseautage... « J'ai même participé à des soirées "cigare-Armagnac" », dit l'une d'elles. Mais elles savent que ces codes-là ne peuvent convenir aux femmes, ni, d'ailleurs, aux jeunes générations d'hommes qui aspirent à un meilleur équilibre entre vie privée et vie professionnelle. Alors elles agissent pour les futures générations.

Leur première difficulté est de convaincre de l'importance de leur croisade... Sans employer les mots « croisade », « bataille », « combat », faute de quoi elles passeraient pour des viragos, des suffragettes dépassées et ne bénéficieraient d'aucune écoute. Elles ne sont pas féministes « mais »... Elles se regroupent pour sensibiliser les femmes et élaborer des catalogues de « bonnes pratiques » à faire adopter aux entreprises. De European Professional Women's Network (EPWN) qui rassemble des expertises de plusieurs pays à Arborus qui a participé à l'élaboration du label Égalité (décerné aux entreprises dont les pratiques permettent l'égalité de traitement entre hommes et femmes), en passant par Action de femme qui milite pour féminiser les directions des entreprises, la palette des associations est vaste. Pour les entreprises de hautes technologies qui sont très masculines, le cercle InterElles réunit plusieurs réseaux internes aux entreprises comme IBM, Air Liquide, Schlumberger... Mais il existe aussi des associations de femmes ingénieurs, mathématiciennes, avocates, assureuses...

Ces femmes agissent en business women. Elles ne se contentent pas de constater et de dénoncer mais fixent des objectifs quantifiés et des plans d'action pour les atteindre. Armelle Carminati qui est responsable du réseau Accent sur Elles au sein du groupe Accenture dont elle est *partner*, fait ses comptes : sept ans après avoir initié un travail sur la féminisation de l'entreprise, la proportion de managers et senior managers (l'antichambre du niveau cadres dirigeants) a augmenté respectivement de 14 % et 40 %, trois femmes ont été nommées vice-présidentes au comité de direction français et le nombre de femmes dirigeantes est passé de 0 à 24. Ce n'est pas encore la parité, mais c'est un progrès et il ne faudra rien lâcher pour atteindre un jour l'égalité.

## Le piège de la compétence

Pour réussir, ces réseaux agissent dans deux directions : apprendre aux femmes les codes du pouvoir au masculin et faire évoluer les règles écrites et, plus difficile, non écrites d'accès au pouvoir dans l'entreprise.

Trop souvent, les femmes font fausse route. Dans les hautes sphères de l'économie colonisées par les hommes, elles ne sont pas encore perçues comme légitimes. Sauf lorsqu'elles sont secrétaires. Beaucoup d'entre elles pensent qu'il suffit de montrer leurs compétences pour gagner cette légitimité, être reconnues et accéder aux postes qu'elles méritent. Elles cherchent la perfection, qui bien sûr n'est pas de ce monde, et donc ne se sentent jamais à la hauteur pour s'imposer dans un poste. Trop souvent, elles se défoncent, sacrifient leur vie privée au-delà de ce qui est nécessaire, jouent les soutières soumises en attendant que leur manager vienne leur remettre une médaille. Elles se conforment ainsi à l'éducation qu'elles ont reçue associant féminité à passivité. Et bien sûr, la docilité conduit rarement dans un fauteuil de PDG. Pendant ce temps les hommes se montrent offensifs, ils mènent un combat de place, se positionnent, affichent leurs ambitions, réseautent. Sans se demander s'ils ont fait leurs preuves. Leur sexe vaut preuve. Une étude menée par des cabinets de recrutement anglais montre que les hommes n'hésitent pas à présenter leur candidature à un poste s'ils n'ont que 50 % des compétences requises. Alors que les femmes qui ont 80 % des compétences ne se présentent pas. « Un homme est considéré comme compétent jusqu'à ce qu'il ait apporté la preuve de son incompétence. Une femme est considérée comme incompétente jusqu'à ce qu'elle ait apporté la preuve de sa compétence. » C'est une phrase qui est revenue très souvent dans la bouche des intervenants lors du Women's forum de 2006. Pourtant, elles réussissent mieux que les garçons dans leurs études, il n'y a, a priori, pas de raisons qu'elles deviennent moins douées avec l'âge. Le problème est ailleurs. La première mission que se sont donnée les réseaux est de leur faire comprendre qu'elles n'ont pas un problème de compétence mais un problème de visibilité. C'est pourquoi ils préconisent des séances de coaching. « S'il suffisait d'être compétente pour obtenir les meilleurs postes, les femmes le sauraient depuis longtemps », affirme une coach qui accompagne ces jeunes cadres. Vient ensuite un travail sur l'affirmation de soi, le « marketing de soi ». Les réseaux préconisent aussi du *mentoring*. Une ou un cadre expérimenté va accompagner une de ces jeunes femmes prometteuses pour lui apprendre à se rendre visible et à se positionner sur les bons dossiers, les bons postes, les bonnes conférences et rendre plus évidente ainsi sa nomination au poste supérieur.

Manifestement, sur cette question-là, il reste encore beaucoup de chemin à parcourir. Même à très haut niveau. Une étude réalisée par EPWN dans le cadre du livre *Women on Boards – Moving Mountains* (2007) montre que sur un échantillon de 100 hommes et 100 femmes membres des grands « boards » européens, il apparaît que les 100 hommes sont visibles sur Google, contre seulement 28 femmes ! « Dites du bien de vous ça se saura », dit la sagesse populaire. Sans visibilité point de salut.

Au-delà des femmes elles-mêmes, c'est la féminité qui est rendue invisible aux plus hauts niveaux de responsabilité. Le carnet du quotidien économique *les Échos* par exemple annonce des nominations de « directeur général » ou de « directeur de la communication » prénommés Catherine ou Véronique. Dans tous les journaux, une femme ouvrier est appelée ouvrière, une femme chômeur est appelée chômeuse, mais dès qu'il y a prestige le masculin l'emporte. La féminité n'est pas bienvenue. Ce mépris symbolique précède le mépris tout court. Peu de femmes bataillent sur ce principe. Il y a tant à faire par ailleurs…

Outre cette question de visibilité, les femmes sont coachées pour se montrer plus déterminées dans leur plan de carrière. Apprendre à être très claires dans leurs demandes, ne laisser aucune place à l'implicite. Lorsqu'elles ont un bébé, pas question de se laisser conduire sur une voie de garage. Peut-être souhaitent-elles aménager leur poste un certain temps, moins voyager par exemple, puis se réinvestir plus fortement plus tard. Il est toujours possible d'imaginer une organisation compatible avec certains impératifs. Toute la difficulté de l'exercice est d'être entendue lorsqu'on fait des propositions concrètes et ne jamais laisser les autres décider à sa place.

Encore faut-il que les entreprises soient ouvertes au changement. Depuis que les réseaux existent, depuis que le papy-boom menace, les entreprises, les plus grandes en général, se sont penchées sur l'épineuse question des femmes. Les premières initiatives tournaient autour de la question de la maternité. Au début des années 2000, les crèches d'entreprise se sont multipliées, progressivement soutenues par l'État. Elles ont fait florès dans les quartiers d'affaires. Les entreprises s'attaquaient ainsi au plus urgent. Car en effet, ce sont en général les femmes qui mettent entre parenthèses leur activité professionnelle lorsque l'enfant paraît. Une interruption de quelques mois ou quelques années ou un temps partiel ont des conséquences irréversibles sur leurs trajectoires professionnelles. Ces ralentissements se paient en termes d'évolution de carrière et de perte de qualification. La disproportion est énorme entre le handicap que représente la maternité pour les entreprises et les sanctions que cette maternité inflige aux carrières des femmes. En avril 2008, 30 grandes entreprises ont signé la charte de la parentalité. Son but : « sensibiliser davantage les pratiques managériales aux enjeux d'une reconnaissance de la parentalité à l'intérieur des entreprises, créer un environnement favorable aux salariés parents, en favorisant un meilleur équilibre entre vie professionnelle et vie personnelle, prévenir et éliminer les pratiques discriminantes qui freinent l'évolution professionnelle. » Cette charte arrange les femmes, mais aussi les hommes. Pour la jeune génération en effet, la conciliation entre vie familiale et vie professionnelle est un critère important pour choisir son employeur. L'enquête « Les pères managers en quête d'équilibre » réalisée par la société Équilibre montre qu'ils ne veulent plus sacrifier leur vie privée à leur carrière. Pour les générations précédentes le mot « réussite » signifiait réussite professionnelle tout court. Pour les jeunes générations le champ est plus vaste. Comme pour les femmes. Les entreprises ont donc tout intérêt à s'orienter dans cette voie pour recruter les meilleurs. Celles qui ont signé la charte avaient déjà avancé sur la question, mais il est très difficile et long de changer les habitudes. Ces quelques pionnières n'ont pas encore réussi à influencer l'ensemble des acteurs de l'économie.

## Nouvelles pratiques du management

Autre changement inscrit dans les entreprises les plus *women friendly* inspirées en général par les entreprises anglo-saxonnes : installer de nouvelles pratiques pour éviter de pénaliser les femmes. Cela commence par le recrutement. Certaines entreprises fixent des objectifs chiffrés d'embauche de femmes cadres. Mais elles se heurtent à des pénuries de candidates dans certaines filières. Les écoles d'ingénieurs ne forment que 25 % de filles par exemple. Ce chiffre varie d'une spécialité à l'autre. On en trouve plus dans les filières agronomie ou chimie qu'en micro-informatique ou en mécanique. En outre, une fois formées, les jeunes femmes s'orientent plus vers la recherche que vers les postes opérationnels qui conduisent au sommet. Du coup certaines entreprises envoient leurs cadres féminines prêcher la bonne parole dans les collèges et les lycées avec l'Association des femmes ingénieures notamment. Elles ont parfois l'impression de vider un océan de sexisme avec une petite cuillère. «La réussite scolaire des filles n'a pas encore eu raison de la ségrégation professionnelle», conclut un rapport de la délégation aux droits des femmes du Sénat. Les femmes restent en effet concentrées dans 10 familles de métiers sur 86 alors qu'elles représentent près de la moitié de la population active. Et ceci bien que les filles réussissent mieux dans les études que les garçons. « À partir des générations des années 1950, la proportion de bachelières a dépassé régulièrement la proportion de bacheliers », indique le rapport. Aujourd'hui, les filles réussissent mieux au bac, toutes filières confondues. Dans les matières scientifiques, elles ont un taux de succès de 90,6 % contre 88 % pour les garçons. Alors qu'est-ce qui les freine ? Après avoir envisagé toutes les hypothèses, la délégation du Sénat retient l'« orientation stéréotypée » des filles et des garçons et la « ségrégation professionnelle ». À niveau égal, un garçon sera poussé vers des études scientifiques tandis qu'une fille se repliera prudemment vers des métiers qui semblent mieux correspondre à son genre. Le plus souvent les filles ont adopté les représentations sociales stéréotypées et s'autocensurent. Il faut une bonne dose de confiance en soi pour assumer le coût psychologique de transgression de ces stéréotypes. Les efforts des femmes cadres qui tentent de les y aider sont souvent anéantis par des messages inverses : des brochures sur l'orientation mettant en

scène les filles et les garçons dans des rôles traditionnels par exemple.

Est-ce plus facile de faire évoluer les mentalités à
l'intérieur de l'entreprise ? Pas sûr. Les femmes sont
victimes de préjugés tout au long de leur carrière.
Dès l'embauche. Les recruteurs ont le sentiment de
prendre un risque s'ils ne choisissent pas un homme,
blanc, trentenaire ou quadra, diplômé d'une grande
école. S'ils embauchent une femme qui a la mauvaise idée d'être enceinte quelques mois après son
arrivée, ces recruteurs craignent d'être mal vus.
« Personne n'ose sortir des sentiers battus tant que
la volonté de diversifier n'est pas affirmée clairement, fortement et sans cesse rappelée par la direction », affirme par exemple Claude Bébéar, initiateur
de la Charte de la diversité. Idem pour les promotions. Si les managers isolés ont toute liberté pour
décider, ils choisissent des clones et des amis. Les
entreprises qui ont une réelle volonté de féminiser
leur direction revoient en profondeur leurs process
de ressources humaines. Les règles des « people
revues » changent. Longtemps, la plupart d'entre
elles ont constitué leurs viviers de « hauts potentiels » en se focalisant sur les 30-35 ans. Manque de
chance pour les femmes, c'est l'âge auquel elles sont
susceptibles de ralentir leur carrière pour cause de
maternité. Certaines entreprises ont donc décidé

d'élargir leurs critères pour faire entrer davantage de femmes. Pour les nominations qui ne passent pas par les protocoles réservés aux hauts potentiels, il faut aussi être vigilant. Dans certaines entreprises les réseaux de femmes ont réussi à obtenir la création de commissions chargées de s'assurer, avant chaque nomination, que la totalité des candidatures potentielles soient prises en compte. Il s'agit de ne pas laisser de côté celles qui n'osent pas postuler ou celles qui n'ont même pas été prises en considération par des managers consciemment ou inconsciemment misogynes. Ces dispositifs sont fragiles. Si personne ne vérifie leur existence, ils disparaissent. Et puis, il faut de l'acharnement pour faire évoluer les mentalités. « Dans ces *people revues*, si l'on n'y prend garde, les préjugés font loi. Je suis en général la seule femme, raconte une membre d'un comité exécutif d'une banque. J'ai voulu avancer la candidature d'une femme. Les messieurs autour de la table disaient qu'elle n'avait pas le charisme, la voix, qu'elle ne savait pas taper du poing sur la table. J'ai dû leur demander plusieurs fois de bien regarder ses résultats et leur expliquer qu'on peut être performant sans avoir une grosse voix... »

Dans le même ordre d'idées, certaines directions des ressources humaines font entrer le critère « diversité des équipes » dans l'évaluation des managers.

En théorie, s'ils ne diversifient pas, ils risquent de ne pas obtenir l'avancement de carrière qu'ils souhaitent. En théorie seulement. Car le plus souvent, ces règles proclamées par la direction ne sont pas connues par les cadres concernés. Le critère « diversité des équipes » pèse tellement peu par rapport à d'autres dans leur évaluation que beaucoup d'entre eux ignorent parfois même qu'il existe.

Certes des efforts sont faits de toutes parts pour favoriser l'égalité. Mais très mollement. Le plus souvent, avec des « chartes » ou des lois peu appliquées. Une charte est un engagement unilatéral. Personne ne peut forcer son auteur à la respecter, à part lui-même, contrairement à un accord collectif par exemple. Mais dans le cas d'un accord collectif, il faut que les syndicats se battent pour le faire appliquer. Pour l'instant, le plafond de verre reste très solide… Quand il ne s'agit pas de plancher collant. L'égalité est de l'ordre de l'incantation. Mais c'est un progrès. Il y a quelques années c'était un non-sujet.

III

# Pouvoir intellectuel : les femmes ont-elles un cerveau ?

## Quelle richesse ?

Le 12 mai 2008, Terra Nova annonçait sa naissance. Un nouveau *think tank* de gauche autoproclamé «progressiste»... Sur son site Internet fraîchement créé, une galerie de photos d'intellectuels unis dans cette association devenue depuis «fondation». Des crânes dégarnis, des barbes, des moustaches... Il faut prendre une loupe pour voir quelques visages féminins. Deux ans auparavant, le noyau dur des fondateurs de Terra Nova était mis en vedette dans *le Nouvel Observateur*. L'hebdomadaire annonçait, sur une couverture pleine de promesses: «Ces nouveaux intellos qui veulent changer la gauche». Dans les pages intérieures s'exprimaient Bruno, Éric, Yves, Martin... Pas une seule représentante du sexe faible !

Pourtant, plusieurs femmes avaient participé à la rédaction de *la Nouvelle Critique sociale,* ouvrage fondateur d'un colloque sur ce même thème... Mais les journalistes ne les ont pas vues. La même semaine, la couverture du *Nouvel Observateur* consacrait aussi un sujet au cinéaste Almodovar intitulé «tout sur mes femmes». Un défilé de mères, grands-mères, amantes, filles. Nous sommes donc priés de comprendre que les femmes peuvent être l'objet des pensées des hommes mais pas sujets et auteures de la pensée collective. Un cinéaste peut les sublimer mais elles ne peuvent pas régénérer la pensée. Sur l'échiquier intellectuel des experts et des penseurs, les dames ne comptent pas. À gauche, les conseils d'administration des fondations Jean-Jaurès (présidé par Pierre Mauroy) ou Res Publica (Jean-Pierre Chevènement) ne font pas mieux que Terra Nova. À droite, l'Institut Montaigne (Claude Bébéar) ou la Fondation pour l'innovation politique (Jérôme Monod) n'ont rien à leur envier. Dans ces cercles de réflexion, ce sont des hommes, intellectuels, qui influencent des hommes, politiques. Pas étonnant que la politique s'intéresse avant tout au versant masculin de la vie dans la cité. Et ce n'est pas près de changer.

Le 8 janvier 2008, Nicolas Sarkozy annonce la création d'une commission chargée de mettre au point de nouveaux indicateurs économiques pour mieux mesurer la croissance et, particulièrement, le progrès économique et social. Il s'agit de trouver une alternative au produit intérieur brut (PIB), notre repère actuel. La présidence de cette commission est confiée à deux prix Nobel : Joseph Stiglitz, économiste américain très critique à l'égard du néolibéralisme mondial, assisté par Amartya Sen, auteur de travaux sur le développement humain... Signe prétendument indiscutable d'une ouverture à gauche. En revanche, aucun signe d'ouverture aux femmes : 22 hommes et 2 femmes siègent dans cette commission. Le gratin des économistes mondiaux. Outre le fait que de nombreux travaux sur les indicateurs de richesse existent déjà, la composition de cette commission pose question sur la sincérité et la pertinence de la démarche. Car derrière la question des indicateurs, il ne s'agit pas de technique économique mais de «projet de civilisation», ainsi que l'expliquait la philosophe et sociologue Dominique Méda dans *Qu'est-ce que la richesse ?* paru en... 1999. L'enjeu est de considérer comme «richesses» des activités qui, aujourd'hui, n'entrent pas dans les calculs de l'économie et qui sont en général dévolues aux femmes. La richesse se mesure en espèces sonnantes et trébuchantes provenant de la production de biens et services dans un pays. Ce système conduit à des aberrations : la maladie par exemple est source de richesse puisque la consommation de médicaments fait augmenter le PIB. En revanche les soins préventifs ou curatifs prodigués par ceux ou – en général – celles qui s'occupent de ces malades dans un cadre familial n'ont aucune valeur. Le PIB ignore les facteurs de bien-être que sont le travail domestique, le temps libre, celui passé à s'occuper de ses proches ou les activités citoyennes et bénévoles. Il ne prend pas en compte les pertes de richesses humaines et écologiques que peuvent engendrer certains modes de production. Dans toutes ces activités jusqu'à présent indignes de l'économie, les femmes excellent. Installer une politique de civilisation à l'aune d'indicateurs alternatifs ferait entrer les femmes de plain-pied dans l'économie. La politique insufflée par Nicolas Sarkozy n'en prend pas le chemin. «Travailler plus pour gagner plus», à la recherche d'une croissance fondée sur le PIB, ne laisse pas augurer d'une prise en compte des richesses que les femmes apportent à la société. Absentes du débat intellectuel, elles feront ce que les économistes leur diront. Dans l'obscurité de préférence.

## Féminin singulier

La moitié masculine de l'humanité a toujours eu le monopole de la pensée. Et cela ne semble pas changer. Dès qu'il s'agit de monter à une tribune pour exprimer des idées, les hommes se bousculent et les femmes disparaissent. En mai 2008, le festival « Philosophia », à Saint-Émilion, était centré sur « le bonheur ». Parmi la douzaine d'intervenants annoncés, une seule femme. Les femmes ne connaîtraient-elles donc rien au bonheur ? Pas mieux, pas moins bien que d'autres sujets. Elles ont du mal à accéder à la parole publique. C'est ainsi dès qu'il s'agit de penser l'universel. Les rares philosophes et intellectuelles sorties de l'ombre sont celles qui ont réfléchi à la question du « deuxième sexe » comme Simone de Beauvoir. Plus près de nous Élisabeth Badinter, Geneviève Fraisse ou Sylviane Agacinsky sont connues pour leurs réflexions sur ce même thème. À l'exception d'Hannah Arendt, les femmes philosophes ont toujours été marginalisées dans l'histoire de la philosophie, réduite aux théories sur leur sexe. Pourtant Michèle Le Doeuff, dans l'*Étude et le Rouet* répertorie au moins cinquante femmes philosophes chez les Grecs. Mais on n'en trouve nulle trace dans les livres de philosophie de terminale. Et très peu dans l'enseignement supérieur. Qui connaît Aristippe de Cyrène (435-356 av. J.-C.), qui revendiquait le droit de « pouvoir parler librement à tout le monde » et conduit sa fille Arétè à devenir enseignante en philosophie ? Et Hypathie, mathématicienne et philosophe néo-platonicienne, professeure de philosophie au célèbre musée d'Alexandrie? L'histoire les ignore. Depuis la Révolution, elle ne retient – avec discrétion – que celles qui ont tenté de faire avancer la cause des femmes: Olympe de Gouges guillotinée le 3 novembre 1793 pour avoir réclamé l'égalité des droits pour les femmes et écrit la *Déclaration des droits de la femme et de la citoyenne* ou Flora Tristan (précurseure de Marx) qui parlait des femmes dans *L'union ouvrière* en 1843. À côté d'elles, combien ont sombré dans l'oubli? «Tout se passe comme si, là où se décline la vérité dans son fondement, la parole ne pouvait être que masculine. Peut-être est-ce parce que le "philosophe professionnel", comme le formule ironiquement Arendt, est le parallèle laïque du théologien. Il conserve quelque chose du prêtre, gardien farouche de la vérité» explique la philosophe Françoise Collin dans *le Nouvel Observateur* du 16 août 2007. Et pour veiller au grain, les hommes philosophes, supposés prendre du recul sur la réalité, n'ont pas hésité à tomber dans le sexisme primaire. Les recueils de citations misogynes sont fort bien achalandés par de grands penseurs, comme Nietzsche: «L'homme est fait pour la guerre, la femme pour le repos du guerrier». Ces immenses intellectuels ont même inventé des théories rendant impossible un certain niveau de réflexion chez les femmes. Hegel, le « philosophe de l'esprit absolu » fait ainsi tomber le couperet : « Les femmes peuvent bien être cultivées, mais elles ne sont pas faites pour les sciences plus hautes. Pour la philosophie et certaines productions de l'art qui exigent l'universalité ». « D'où je parle ? », interrogeait la philosophie dans les années 1970. Ne serait-ce pas d'un statut de dominant qui veut le rester, par hasard ? Le monde de la philosophie ressemble à un « no sex land », « une zone franche, une Suisse de la pensée », un club de vieux garçons, où l'on se réunit pour prendre des mesures contre « la Femme », s'amuse Frédéric Pagès auteur de *Philosopher ou l'Art de clouer le bec aux femmes*.

Aujourd'hui, les discours franchement misogynes se sont à peu près tus. Ils se glissent encore ici ou là, mais sous la plume d'intellectuels considérés comme marginaux. Après 1968, quelques philosophes hommes ont pris fait et cause pour leurs consœurs. Jacques Derrida invente le mot « phallogocentrisme » pour exprimer le primat du logos (la parole, le discours) et de la symbolique du phallus chez les philosophes, Michel Foucault, Emmanuel Levinas ou, aujourd'hui, Michel Onfray critiquent la sexuation du discours philosophique. Il n'empêche. Malgré la modernisation des discours, les femmes sont toujours inaudibles dans la pensée philosophique «universaliste». Elles se cantonnent à la «sin-gularité» du féminin. C'est pourquoi, en mars 2007, l'Unesco a créé le Réseau international de femmes philosophes. Constatant qu'elles étaient marginali-sées dans l'histoire de la philosophie, les fondatrices comptent bien interroger la notion d'«universel». Elles précisent que ce réseau «entend être un outil rassembleur permettant aux femmes philosophes d'offrir leurs points de vue sur une vaste gamme thématique, sans aucunement se limiter aux thèmes liés au genre». Il leur faudra une farouche volonté pour exister dans le débat philosophique.

## Pas de passé, pas d'avenir

L'histoire de l'invisibilité des femmes n'en finit pas de se répéter. En boucle. «Ce n'est pas l'infériorité des femmes qui a déterminé leur insignifiance his-torique, c'est leur insignifiance historique qui les a vouées à l'infériorité», écrit Simone de Beauvoir dans *Le deuxième sexe* où elle poursuit: «Toute l'his-toire des femmes a été faite par les hommes». Et racontée à travers des yeux d'hommes. De «grands historiens» le plus souvent aussi misogynes que les «grands philosophes». Ils ne retiennent que quelques femmes. Celles qui correspondent aux stéréotypes qu'ils ont en tête. «Il faut être pieuse ou scandaleuse pour exister», insiste Michelle

Perrot, agrégée d'histoire, spécialiste de l'histoire des femmes qui a notamment publié en 2006 *Mon histoire des femmes*. «Au début de *Tristes Tropiques*, Claude Lévi-Strauss décrit un village après le départ des hommes pour la chasse: il n'y avait plus personne, dit-il, excepté les femmes et les enfants», raconte-t-elle. À l'école, nous apprenons l'existence de «grands hommes» auxquels la patrie est reconnaissante. Mais de «grandes femmes», point. Le terme n'existe pas. Les femmes n'occupent pas l'espace public, donc elles sont éclipsées de l'histoire. Quand elles apparaissent à travers l'art ou dans les livres, leur histoire révèle les peurs et les fantasmes des artistes ou des historiens plus qu'une réalité. «Les livres d'histoire de la communale ont le plus souvent marqué au fer rouge les femmes qui ont disposé d'un certain pouvoir politique: la "cruelle" Brunehaut, la "traîtresse" Isabeau de Bavière, la "perfide" Catherine de Médicis, l'"incapable et cupide" Marie de Médicis, l'"intrigante et fatale" Marie-Antoinette», démontrent Françoise et Claude Lelièvre dans *l'Histoire des femmes publiques contée aux enfants*.

Faire entrer les femmes et le féminisme dans l'histoire est une gageure. Michelle Perrot qui y travaille avec talent depuis des années regrette que les recherches sur les femmes restent toujours des *subsidiaries studies* dans le monde universitaire. On apprend encore aux enfants que le suffrage universel direct a été instauré en 1848. Alors que la moitié des citoyens – c'est-à-dire la totalité des citoyennes – ne l'ont obtenu qu'en 1944. Le féminisme est présenté comme un combat rigolo de femmes qui ont brûlé leurs soutiens-gorge, alors qu'il a été cruel à l'époque d'Olympe de Gouges, au temps des suffragettes emprisonnées et maltraitées pour avoir réclamé le droit de vote, ou encore lorsqu'il s'est agi de faire voter les lois sur l'avortement. En niant cette histoire, il est facile de faire passer l'idée communément admise selon laquelle l'égalité des sexes se fera toute seule. Qu'elle est dans l'air du temps. Dormez, dormez… Le passé des femmes est tronqué, déformé. Leur avenir est compromis. Comment peuvent-elles avoir une image positive d'elles-mêmes et songer à aller vers le pouvoir si la mémoire collective ne leur présente que quelques femmes monstrueuses au milieu d'un vide sidéral ? Comment peuvent-elles avoir envie de se battre pour l'égalité si on leur apprend qu'il n'y a pas de problème et qu'il n'y en a jamais eu ?

## Pas de nom, pas de légitimité

Les résistances à la parité ont toujours été sournoises et le sont encore aujourd'hui. Ceux qui ont le privilège de détenir la parole publique s'arrangent toujours pour signifier aux femmes qu'elles ne sont pas les bienvenues dans les hautes sphères. Et les femmes s'excusent d'entrer quand même, en niant symboliquement leur féminité. Aujourd'hui encore, alors que la question de la féminisation des noms de fonction a fait l'objet de débats homériques, certaines ministres du gouvernement Fillon se font appeler « madame le ministre », et dans l'économie les femmes à très haut niveau sont quasiment toujours « directeurs » et non pas « directrices ». Fort heureusement, personne n'a écrit: « Le garde des Sceaux est enceinte » lors de l'annonce de l'heureux événement attendu par Rachida Dati. Mais c'eût été obligatoire si les recommandations de l'Académie française avaient été suivies. Refuser la féminisation des titres n'est pas une concession anodine à la grammaire mais une allégeance au pouvoir masculin. Le langage trace les frontières de ce qui est légitime et de ce qui ne l'est pas. Il dresse des barricades ou tout au moins les consolide. Les grammairiens patentés ne voient aucun inconvénient au féminin pour infirmière ou secrétaire (sauf secrétaire d'État ou secrétaire général), mais dès qu'il y a prestige le masculin emporte tout sur son passage. Comme s'il y avait une limite à ne pas franchir, comme si le féminin était une déchéance, comme si féminiser un titre risquait de nuire au prestige d'une fonction. Nommer, c'est légitimer. Lorsque des hommes ont choisi de devenir sages-femmes, la langue a fait un effort pour les accueillir. Ils ont été appelés « maïeuticiens ». C'était un peu plus compliqué que d'ajouter un « e » ici ou là. Mais ça s'est fait naturellement par égard pour ces hommes. Pour féminiser les noms prestigieux, il a fallu s'y reprendre à plusieurs fois et, en 2008, ce n'est toujours pas acquis. Première étape : une circulaire du Premier ministre Laurent Fabius en 1986. Anéantie par le changement de majorité politique qui suit. Sous le gouvernement Jospin, le mouvement reprend, consacré par une nouvelle circulaire en 1998. En 1999, le guide *Femme j'écris ton nom* est publié à la Documentation française. Durant toutes ces années l'Académie française s'oppose vigoureusement à la féminisation. Au nom de la grammaire.

Encore aujourd'hui, beaucoup de femmes renoncent à imposer le féminin sur leur carte de visite, jugeant qu'il y a des choses plus importantes. Il est vrai qu'entre une augmentation de salaire leur faisant atteindre le niveau des hommes et un « e » à leur titre, le choix est vite fait. Mais elles n'ont ni l'un ni l'autre. Elles n'ont probablement pas l'un parce qu'elles n'ont pas l'autre.

# Et Jocaste?

Pas facile de se faire respecter lorsque tout vous dit que vous inspirez le mépris. Il faut avoir une indépendance d'esprit et une confiance en soi hors du commun pour braver ces certitudes. Et la psychanalyse n'aide pas toujours les femmes. Sigmund Freud, fondateur de cette discipline, explique que la femme se définit par le manque, c'est un homme raté qui se construit autour de « l'envie de pénis » qu'elle n'a pas. Elle peut tenter de devenir le phallus par sa beauté et le désir qu'elle inspire. Elle peut aussi considérer la naissance d'un enfant comme un phallus. Soit sa conduite lui est dictée par les hommes, soit elle s'enferme dans la maternité. Elle n'a pas d'existence propre. Les tentatives de psychanalystes femmes, et de plus en plus souvent hommes, pour imposer une autre vision peinent à se faire entendre. Qui connaît Jocaste? Tout le monde connaît Œdipe, amoureux de sa mère et meurtrier de son père. Aujourd'hui encore, il n'est pas rare d'entendre de jeunes mamans dire en couvrant leur fils de contentement: « Il fait son œdipe »... Elles ignorent qu'au même moment, elles font leur Jocaste. Jocaste était la mère d'Œdipe, elle est celle qui prend toute la place auprès de l'enfant pendant que le père se décharge des soins à donner au bébé. Elle n'a jamais été au centre des théories de

Freud. « Trop longtemps, je me suis laissée arranger à "leur" façon, avec "leurs" mots que je ne reconnaissais pas et n'entendais pas. Pourquoi les laisserais-je parler de moi alors que je ne disais rien d'eux ? », interroge la psychanalyste Christiane Olivier dans la préface de son ouvrage *Les enfants de Jocaste* paru en 1980. L'auteure, avec d'autres comme Germaine Geer ou Luce Irigaray, s'étonne de la « conspiration du silence » faite autour de cette figure de la mère, de cette mère tellement présente en l'absence du père. Christiane Olivier reconnaît que ce n'est pas Freud « qui a inauguré l'infériorité de la femme [...] mais disons qu'il a tout fait pour la rendre logique, donc inéluctable ». Il a réduit la femme à être « le fantasme de l'homme et lui a fait croire que cette image correspondait à ce qu'elle désirait dans son inconscient ». Et si tout cela n'était que pure projection ? Les femmes n'ont jamais exprimé clairement l'envie de pénis que Freud leur prête. En revanche les hommes ont clairement exprimé à longueur d'œuvre d'art leur envie de sein. « Il se pourrait bien que cette envie de pénis attribuée aux femmes ne soit envers, revers de l'envie de sein de l'homme », écrit Christiane Olivier. Que reste-t-il de ces théories aujourd'hui ? Freud est toujours considéré comme le maître de la psychanalyse et Jocaste n'entre pas dans le hit-parade des mythes servis aux jeunes parents. La parole est aux essayistes et à quelques psychanalystes écrivains. Les plus médiatisés, les plus populaires étant ceux qui en appellent au retour des «vrais mâles». Et ce ne sont pas forcément tous des hommes. Éric Zemmour, Alain Soral, Michel Schneider, Aldo Naouri, mais aussi la psychanalyste Hélène Vecchiali ou même Élisabeth Badinter, pourtant grande figure du féminisme, qui avait déclenché des foudres en publiant *Fausse Route*. Elle reprochait à des féministes non identifiées de vouloir anéantir les hommes. «La déconstruction de la masculinité en vue de l'alignement sur la féminité traditionnelle est une erreur, sinon une faute. Changer l'homme n'est pas l'anéantir», écrivait-elle alors qu'aucune association féministe n'affichait un aussi funeste projet. Mais au bout du compte, la cause est entendue: la virilité est en péril, il est temps que les femmes se calment. En septembre 2008, la chaîne de télévision Arte proposait une émission «Thema» intitulée «Le mâle du siècle». D'abord un défilé de témoignages d'hommes ne sachant pas sur quel pied danser avec ces femmes qui, décidément, ne veulent plus être soumises à leurs désirs. Parmi eux, certains vivaient très bien l'égalité, ce qui ne manquait pas de décontenancer le commentateur. Puis vint le débat. Sur le plateau, Hélène Vecchiali «psychanalyste», auteure de *Ainsi soient-ils. Sans de vrais hommes, point de vraies femmes*. Tout un programme! La psychanalyste dicte donc des normes. Un homme, une femme chacun voit ce que c'est. Mais qui peut s'autoriser à dire ce qu'est un «vrai» homme ou une «vraie» femme? Entre autres prophéties tombées de sa bouche: «Un homme doit être chasseur pour que ça marche au lit.» «Pour être en forme physiquement, il faut à l'homme de la violence»... Dans ce débat, un sexologue abondait parfois dans son sens. Peu de place pour contester l'incantation au retour de la superpuissance du mâle. Le psychanalyste Serge Hefez, qui venait d'écrire *Dans le cœur des hommes*, lui, n'était pas sur le plateau. Il démontre pourtant que les hommes évoluent sans se sentir menacés d'anéantissement par les femmes et sans être des chasseurs. Ces hommes changent de place et de rôle à mesure que les femmes changent de place et de rôle. Et ils s'en montrent plutôt satisfaits. Beaucoup apprécient de ne pas être «soumis à leur propre domination», comme l'écrivait Pierre Bourdieu. Mais le discours dominant ne leur accorde pas beaucoup de crédit.

## Modélisation des cerveaux

Les sciences dures ne sont pas épargnées par le phallocentrisme. Au XIXe siècle, des scientifiques s'échinaient à démontrer que l'intelligence avait un sexe et que ce sexe était… masculin! Ils pesaient des cerveaux et concluaient sans autre forme de procès que, le cerveau des femmes étant plus léger, elles étaient moins intelligentes que les hommes. Les mêmes arguments servaient d'ailleurs à expliquer des différences entre les « races ». Les tenants du déterminisme biologique pouvaient être satisfaits : les inégalités s'expliquaient par la nature. Cette théorie était estampillée « scientifiquement prouvé ». Depuis, il a été démontré que c'était faux. Qu'à cela ne tienne, en 2005, le président de la très prestigieuse université de Harvard, Lawrence Summers, invoquait la biologie en déclarant qu'une des causes majeures de la sous-représentation des femmes aux postes de pouvoir dans les « sciences dures » était leur « inaptitude intrinsèque » (le Monde du 25 février 2005). Et il s'est trouvé des scientifiques pour le défendre. Jusqu'à ce qu'il soit remercié et remplacé… Par une femme. Une nouvelle étude a été lancée pour faire le point sur la question. Ses conclusions : « Les études sur la structure du cerveau […] ne montrent pas de différences entre les sexes qui pourraient expliquer la sous-représentation des femmes dans les professions scientifiques […] : cette situation est le résultat de facteurs individuels, sociaux et culturels » (cité dans Télérama n° 2978 du 10 février 2007). Le président de Harvard était impardonnable. Ce constat avait déjà été établi maintes fois. Mais aujourd'hui encore, les idées reçues sont tenaces. Et il se trouve toujours des scientifiques pour les entretenir par des études approximatives, reprises dans de prestigieuses revues. C'est amusant et dans l'air du temps. Catherine Vidal, neurobiologiste à l'Institut Pasteur, abat une à une ces idées reçues dans ses différents ouvrages, dont le dernier, *Hommes, femmes, avons-nous le même cerveau?* Elle tente ainsi d'endiguer le flot de stéréotypes véhiculés dans des ouvrages comme *Pourquoi les hommes n'écoutent jamais rien et les femmes ne savent pas lire les cartes routières?*, d'Allan et Barbara Pease ou *Les hommes viennent de Mars, les femmes viennent de Vénus*, de John Gray.

La question du poids du cerveau par exemple aurait dû cesser de faire dire des inepties dès lors que l'on savait que ce poids n'avait aucun rapport avec l'intelligence: le cerveau d'Anatole France pesait 1 kilogramme, et celui d'Einstein était plus léger que la moyenne (1,250 kg). Mais en 1992, l'armée américaine a lancé une étrange enquête à partir de la taille des casques de six mille soldats et a conclu que la capacité crânienne était proportionnelle au QI. La théorie des deux cerveaux, elle aussi fait beaucoup de mal à l'ordre sexué. Elle explique que les femmes auraient l'hémisphère gauche, celui de l'émotion et du langage, plus développé que le droit, celui de la raison et du repérage dans l'espace. Ce serait l'inverse pour les hommes. Le corps calleux, ce faisceau de fibres qui relie les deux hémisphères cérébraux, serait plus épais chez la femme que chez l'homme d'après une étude anatomique de 1982 portant sur – seulement ! – une vingtaine de sujets. Et les scientifiques d'expliquer les différences psychologiques entre les sexes par des différences de communication entre les hémisphères. Ainsi, les femmes seraient davantage capables d'activer leurs deux hémisphères et donc de mener à bien plusieurs tâches simultanément, alors que les hommes ne pourraient faire qu'une chose à la fois. Elles pourraient faire la cuisine tout en surveillant les devoirs des enfants et en terminant un dossier... Il a fallu attendre 1997 et une « méta-analyse » de 50 études sur le corps calleux publiées de 1982 à 1997, concernant 2 000 sujets, pour comprendre que le sexe n'avait rien à voir avec l'épaisseur du corps calleux. « Il s'avère que dès que l'on dispose d'un échantillon de sujets important, les différences entre les sexes se trouvent gommées », note Catherine Vidal. En réalité, le cerveau est formé de 100 milliards de neurones, connectés par un million de milliards de synapses. 90 % du cerveau se fabrique après la naissance en fonction des connexions établies : c'est la «plasticité cérébrale». Le cerveau se modèle en fonction des expériences vécues. Il y a plus de différence entre le cerveau d'un pianiste et celui d'un rugbyman par exemple, qu'entre ceux d'un homme et d'une femme informaticiens. L'aspect du cerveau est une question d'apprentissage, pas de sexe. Les différences entre hommes et femmes sont le fruit de constructions sociales, pas de la nature. Les stéréotypes entretiennent les stéréotypes. Mais ce discours-là a du mal à se faire entendre.

Subrepticement, inconsciemment, ceux qui prennent la parole en public en viennent à prôner une idée que, pour beaucoup, ils combattent par ailleurs: l'essentialisme, cette théorie impliquant que les caractéristiques et les rôles des individus peuvent être déterminés dès leur naissance. Qu'il s'agisse de la philosophie, de la psychologie, de l'histoire ou même des sciences dures, l'infériorisation des femmes a longtemps été la règle et les discours sur l'égalité ont du mal à se faire entendre.

# IV

# Le pouvoir médiatique remet les femmes à leur place

## Quand les hommes disent aux femmes ce qu'elles doivent penser

Le 16 avril 2008, à l'occasion de « la semaine de la presse », une table ronde intitulée « Quoi de neuf sur le marché de la presse féminine ? » réunissait… cinq hommes et une femme. Et encore, il fallait la connaître pour savoir que c'était une femme. Elle se prénommait Dominique et était présenté(e) comme « Directeur » du planning stratégique de TNS/Sofres. Alors quoi de neuf ? Rien, ce sont toujours les hommes qui disent aux femmes ce qu'elles doivent penser, quelle place elles doivent occuper, à quel moment elles peuvent s'exprimer et sur quel sujet. Pendant la campagne présidentielle de 2007, personne n'a demandé à l'acteur porno Rocco Siffredi de « juger Nicolas ». Mais *le Nouvel Observateur*, lui, a demandé à une réalisatrice de films X son avis sur « Ségolène », parmi 100 femmes invitées à « juger Ségolène » (*le Nouvel Observateur*, semaine du jeudi 8 février 2007). Ce type de question agace l'écrivaine Virginie Despentes, qui s'exprime ainsi dans *Libération* du 10 avril 2007 : « Ce qui me préoccupe, c'est qu'on m'ait demandé aussi souvent mon avis [...] sous le seul prétexte que je suis une femme, et qu'elle est du même sexe. Personne ne vient me demander ce que je pense de François, Nicolas ou Jean-Marie. Ils sont des hommes, donc ça n'est pas de mon ressort de donner mon avis. Mais une autre bonne femme, et toutes les rédactions de se fendre d'un e-mail pour contacter d'autres bonnes femmes. Je trouve ça insultant. » Ce traitement journalistique est quasiment la norme. Il est habituel dans la presse de considérer les femmes comme une catégorie à part... Dans les rubriques cinéma, par exemple, les classements listent : films d'aventure, comédies, science-fiction et... « films de femmes ». Le « film d'hommes », ça n'existe pas en soi. L'homme est universel, la femme est singulière.

Toujours avec cet art consommé de faire passer les femmes pour des anomalies dans les hauts lieux du pouvoir, la presse économique affectionne les sujets catastrophistes : « je suis managé par une femme ».

En mai 2008, le mensuel économique *Capital* titrait:
«Votre chef est une femme? Vous allez vous y
faire!» Jamais sans doute, il faut l'espérer, ce
magazine n'aurait écrit: «Votre chef est un Arabe?
Vous allez vous y faire!» Et l'article n'était pas une
gentille moquerie à l'égard de machos surannés! Il
expliquait avec moult efforts pédagogiques comment
s'y prendre avec ces êtres étranges qui prétendent
prendre la place des hommes. Un parfait enchaîne-
ment de clichés sur ces femmes qui parlent chiffon,
vie privée, expédient les réunions pour aller chercher les enfants et pleurent à la moindre difficulté.
Quoi que disent ou fassent les femmes, les médias
les remettent à «leur» place. Même une grande philosophe, Simone de Beauvoir, fondamentale pour la
pensée féministe, s'est retrouvée nue sur la couverture d'un news. Comme pour dire que, pour être féministe, elle n'en était pas moins femme, donc potentiel
objet sexuel. En janvier 2008, *le Nouvel Observateur* publiait une photo intime, prise par un amant
de la philosophe, avec ce titre: «La scandaleuse».
Des féministes ont protesté et demandé de voir «les
fesses de Jean Daniel» (le patron du journal), «de
Jean-Paul Sartre», ou d'autres hommes philosophes.
Pour toute réponse, les dirigeants du *Nouvel Observateur,* qui avaient décidé de publier cette photo
contre l'avis d'une bonne partie de leur rédaction,

affirment avoir voulu montrer que Simone de Beauvoir pouvait aussi être moderne et libérée. Pourquoi en aurait-on douté ? Parce que le féminisme a toujours été ringardisé par ces mêmes médias ? Était-ce indispensable pour mieux appréhender son œuvre ? Sartre ou Camus ne manquent-ils pas de modernité eux aussi ? Jamais leurs fesses n'ont été montrées pour les rendre modernes. « Scandaleuse ! » Ce mot, qui n'a pas d'équivalent masculin, a aussi servi, quelques mois plus tard, dans le même journal, à qualifier une autre femme sortie des sentiers battus: Nathalie Kosciusko-Morizet, qui avait accusé son ministre de tutelle de « lâcheté ». Ce qui lui a valu ce titre: « La scandaleuse aux mains vertes ».

## Directions masculines, informations masculines

Ces quelques exemples piochés au milieu de tant d'autres montrent comment, l'air de rien, au fil des médias, s'entretient une ambiance hostile aux femmes dans les lieux de pouvoir. Une condescendance permanente. Cette ambiance serait-elle différente si, à la tête des médias il y avait davantage de femmes ? Difficile à dire tant ce traitement différencié des hommes et des femmes semble être ancré dans les esprits, accepté, reproduit à l'infini. Quoi qu'il en soit, on n'en prend pas le chemin. En dépit de spectaculaires nominations à des postes importants comme l'arrivée de Laurence Ferrari au 20 heures de TF1, les médias sont très majoritairement dirigés par des hommes. Et la présence d'Arlette Chabot à la direction de la rédaction de France 2 ou celle d'Agnès Touraine au conseil de surveillance de *Libération* ne font pas pencher la balance. Ces quelques nominations de femmes n'annoncent pas l'avènement d'un pouvoir féminin. Ni même l'amorce d'un changement. Il y a une vingtaine d'années, un nombre comparable de femmes occupait des postes importants, qu'il s'agisse d'Anne Sainclair, de Christine Ockrent, Jacqueline Baudrier, Françoise Giroud ou Michèle Cotta. Le deuxième sexe était minoritaire et l'est toujours. La délégation aux droits des femmes du Sénat a dépouillé l'annuaire *Média SIG* (la Documentation française) en 2007 et compte «une proportion de femmes inférieure à 10 % dans les postes de direction stratégiques» tels que président-directeur général, président du directoire ou du conseil de surveillance, vice-président, directeur général, directeur général adjoint ou délégué ou encore secrétaire général. Ce pourcentage est de 9,5 % pour les chaînes généralistes de télévision, 7,5 % pour les radios généralistes et seulement 4 % pour les quotidiens nationaux d'information générale. Les femmes occupent 22 % des postes de rédacteur en chef et 36 % des postes de chef de service. Comme dans beaucoup de métiers, plus on monte dans la hiérarchie, moins on trouve de femmes. Et les hommes squattent les postes les plus proches du pouvoir. Dans les rubriques politiques et dans la presse économique, les directions sont masculines. En revanche, les femmes occupant des postes importants se trouvent plutôt dans la presse féminine et dans la presse professionnelle... Beaucoup moins influentes sur la vie de la cité.

Ce sont donc des hommes qui tiennent les cordons de la bourse finançant les médias. Eux qui décident de la hiérarchie de l'information et des angles des sujets. Eux qui disent si telle information mérite une brève ou un dossier. Sans doute est-ce la raison pour laquelle les défaillances d'un entraîneur de foot occupent des temps d'antenne et des espaces rédactionnels infiniment plus longs que les défaillances de l'accueil des bébés en crèche. Le rapport du Sénat intitulé « Quelle place pour les femmes dans les médias ? » n'hésite pas à faire un lien direct entre la composition de la direction des médias et le contenu de l'information. Dominique Alduy, ancienne directrice générale de France 3 et du quotidien *le Monde* indique qu'au journal de 20 heures plus de 85 % des sujets sont « à dominante masculine » comme le sport, la bourse ou des reportages sur des individus,

tandis que 15 à 20 % des sujets peuvent être considérés comme mixtes. Mais pas forcément à dominante féminine.

## Miroir déformant

À peine visibles, sous-représentées, stéréotypées.
C'est ainsi que se dessinent les femmes dans le
contenu de l'information. Elles ne représentent
que 17 % des personnes citées dans le contenu de
l'information. Et, lorsqu'elles apparaissent, c'est le
plus souvent en tant que mère ou épouse, victime,
ou de façon anonyme. Depuis 1995, l'Association
des femmes journalistes (AFJ) participe, comme
75 autres pays, à une vaste enquête internationale
du Projet de monitoring des médias (*Global Media
Monitoring Project* ou GMMP) de la World Association for Christian Communication (la WACC): «*Who
makes the news ?*».

La méthodologie est très rigoureuse. Il s'agit d'exa-
miner 7 quotidiens d'information générale (nationaux et régionaux), de compter le nombre d'hommes
et de femmes cités et de voir dans quelles circons-
tances ils et elles sont cités. Cette étude a été réalisée pour la première fois en 1995, puis en 2000 et en
2005 (2006 pour la France). Les résultats ne varient
quasiment pas d'une étude à l'autre. En 1995, 17 %
seulement des personnes citées étaient des femmes.

18 % lors de l'étude suivante qui a pourtant eu lieu lorsque le gouvernement Jospin et ses nombreuses ministres femmes étaient en place. Et 17 % en 2006 alors que Ségolène Royal commençait à prendre son envol. La moyenne des 76 pays étudiés se situe à 21 % de femmes citées.

Les femmes sont, deux fois plus souvent que les hommes, considérées comme victimes. Et cinq fois plus souvent présentées de façon anonyme: «une infirmière», «son épouse» ou «sa compagne», «sa mère». Les femmes sont définies par leur lien familial sans autre détail. Elles sont plus souvent témoins populaires qu'actrices ou expertes. Pour les hommes, l'anonymat ne relève pas toujours de l'absence d'intérêt. Il s'agit de ne pas dévoiler leur identité pour les épargner et rendre le récit plus croustillant: «un informateur», «un collaborateur», «un ancien collaborateur», «un ex-ami», «un proche». Les femmes sont, plus souvent que les hommes, citées par leur prénom seul, y compris lorsqu'elles sont à des postes importants. Les hommes sont, dans la majorité des cas, cités avec leur nom, leur prénom et leur fonction. À tel point que Didier Pourquery, directeur délégué de la rédaction de *Libération*, a voulu clarifier les choses (le 4 janvier 2008): «Qui sommes-nous, simples mortels, pour apostropher par leur petit nom ceux qui nous gouvernent? Évidemment Il y a un autre mécanisme à l'œuvre dans ces dérives, fort désagréables, une raison qui sent son machisme. Appeler une femme politique par son prénom, c'est déjà s'octroyer une familiarité, première marche vers un procès larvé en incompétence, comme cela fut pratiqué à la dernière présidentielle. « Ségolène » paraît moins apte à gouverner que "Mme Royal" ou "Ségolène Royal". »

Ce tableau de l'insignifiance des femmes brossé par la presse ne correspond pas à la réalité. Certes, les hommes sont plus nombreux aux postes de décision, ce qui expliquerait qu'ils soient plus présents dans les médias, mais la construction de l'information semble obéir à des biais sexistes qui vont bien au-delà. Dans la « vraie vie » par exemple, une enquête fait apparaître que les hommes représentent 39 % des retraités. Dans les médias, ils représentent 69 % des retraités cités. C'est à eux qu'on tend le micro pour parler du montant des pensions, des loisirs ou des sujets politiques.

Lorsque des femmes de pouvoir apparaissent, c'est toujours avec un message subliminal qui vient suggérer qu'elles n'y sont pas à leur place. Elles sont très souvent d'abord jugées, jaugées sur des critères physiques. Combien de fois a-t-on décrit Laurence Parisot, la patronne du Medef, comme un « petit bout de femme » ? Imagine-t-on un qualificatif comparable pour un homme petit? «Frêle et menue, un teint pâle qu'égalent deux yeux bleus et des cheveux roux coupés courts, à la sportive […]» On parle d'une actrice ou de la patronne des patrons? C'est pourtant ainsi que la décrivait *le Figaro* lorsqu'elle est devenue présidente du Medef. Combien de portraits de ces femmes de pouvoir commencent par des détails anodins sur la couleur du tailleur, le sourire, les yeux ou l'allure? Après le physique vient cette lancinante question: comment font-elles pour concilier leur vie professionnelle et leur vie familiale? Ou si elles n'ont pas d'enfants, comment le vivent-elles? Ces sujets ne sont jamais abordés avec des hommes de pouvoir. On voudrait faire comprendre aux femmes que leur «vraie place» est ailleurs que dans les lieux de décision, on ne s'y prendrait pas autrement. Les médias sont «prescripteurs de mythes», explique Marie-Joseph Bertini dans *Femmes, le pouvoir impossible*. Elle dénonce le véritable «apartheid linguistique» qui entrave le «processus d'émancipation» des femmes. De l'analyse du langage de journaux de référence, elle tire cinq figures récurrentes. «L'Égérie», voue «la femme à la fonction de médiation, à la lisière de la vie publique». Et qu'importe la réalité, pourvu que vive le mythe. En septembre 2008 (en dehors de cette étude), lors des empoignades entre candidats au poste de secrétaire général du PS, un quotidien qualifiait Ségolène Royal d'égérie ! «La Muse», elle, est inspiration pour le créateur mais étrangère à la création. «La Mère» est une construction masculine qui renvoie à des devoirs familiaux et réduit la femme à sa fonction reproductrice et maternante. «La Madone», figure hybride, exprime une tension entre sainteté et perversité. Mais lorsque les femmes caressent le pouvoir, la figure la plus fréquente est «la Pasionaria». Elle permet des raccourcis qui transforment en défauts rédhibitoires des valeurs morales honorables d'engagement et de respect de la parole donnée. Les femmes agiraient avec passion alors que les hommes ne seraient que raison. Les femmes seraient toujours sous influence. Quoi qu'elles fassent, elles ont tort. Les mythes sont là pour assurer l'«incapacité fondatrice» des femmes.

L'examen des photos de presse en dit long sur la considération que les médias accordent aux femmes. Prenez un news magazine de la semaine et comptez le nombre de photos dans lesquelles apparaissent des personnes, qu'il s'agisse de photos de presse ou de publicités. Puis, le nombre de femmes sur ces photos. En général, elles apparaissent sur environ 25 % des clichés. Sur des formats timbre poste ou en retrait derrière le monsieur dont on parle et qu'elles accompagnent en tant qu'épouse. Ou encore anonymes dans le décor: poussant un chariot pour illustrer un sujet sur le pouvoir d'achat, ou victimes d'une catastrophe. Peu nombreuses dans les pages économie, peu visibles dans les pages sportives, elles réapparaissent dans les pages culture, mais le plus souvent en tant que muses: actrices sublimées par des hommes.

Si elles sont discrètes dans les pages «rédactionnelles», dans la publicité, en revanche, elles excellent. Faire-valoir pour l'automobile, coquines pour la mode, épanouies dans la déco, elles représentent des accessoires de vente formidables. Au final, vous aurez vu des femmes en retrait derrière leur homme, des mères de famille, des séductrices... mais de femmes décideuses, très peu. Imaginons qu'en l'an 3000 des historiens essayent de comprendre le fonctionnement de la société du début du XXIe siècle à travers les médias. Ils concluraient que les hommes sont cinq fois plus nombreux que les femmes et que ces femmes ont une fonction décorative, reproductrice et domestique.

## Liberté d'expression... de qui ?

La publicité raffole de ces images. Mamans extatiques devant leur enfant nourri de vitamines, fières de leur ménage vite fait bien fait ou prêtes à tout pour séduire... Sans parler des images «porno chic» des années 2000 qui font un retour en 2008. Au nom de la liberté d'expression, la plupart des publicitaires ne s'interdisent aucun stéréotype. Et ils refusent la moindre limite à cette liberté d'expression. Tout juste acceptent-ils de se fixer des règles d'autorégulation. Quand le législateur approche, ils crient « Ô créaticide ». Et font preuve d'une repentance très sélective. En 2001, les responsables d'une publicité pour un opticien ont présenté des excuses à des associations de chasseurs et retiré de l'antenne une publicité qui se moquait d'eux. Objet de l'outrage : la pub Visual montrait un chasseur tuant son chien, faute de lunettes adaptées. Au même moment, la publicité pour une crème fouettée disait « Babette, je la lie, je la fouette et parfois elle passe à la casserole ». Ce slogan étant inscrit sur le tablier d'un corps de femme sans tête. Bien sûr, c'est drôle. Au moins autant que l'histoire du chasseur. Mais tout ce qui est drôle ne peut pas être offert à la vue de n'importe qui, susceptible de l'interpréter n'importe comment. Cette publicité peut, implicitement, banaliser la violence envers les femmes. Une violence qui touche 3 millions de femmes, donc 3 millions d'hommes violents. Une violence qui tue plus de femmes que de chiens de chasse. Mais cette idée ne passe pas. Le milieu de la publicité a fait bloc. Les journaux professionnels spécialisés comme *Stratégies* titraient : « Au secours les censeurs reviennent!» Les censeurs? Des féministes protestant contre la publicité Babette – qui n'a pas été interdite – et une recommandation du BVP conseillant de retirer une affiche montrant une femme nue, à quatre pattes, avec ce slogan, «la City habille les femmes nues». Était-ce la liberté d'expression dans ce qu'elle a de plus noble que l'on assassinait?

Sous la pression d'associations féministes, de parlementaires et des ministres des Droits des femmes, l'organe d'autorégulation de la publicité, le BVP, baptisé depuis «Autorégulation professionnelle de la publicité» (ARPP), a fini par signer une charte en 2003 sur «le respect de la personne humaine». Ce texte permet d'éliminer les publicités trop dégradantes. Mais il ne peut rien contre la répétition, à longueur de spots, d'affiches et d'annonces presse, de messages stéréotypés. Alors le Parlement européen prend le relais. Il a adopté une résolution le 3 septembre 2008 sur «l'impact du marketing et de la publicité sur l'égalité des genres». Objectifs de la Commission des droits de la femme et de l'égalité des genres du Parlement: briser la résistance des stéréotypes qui sapent les efforts pour favoriser l'égalité entre hommes et femmes. «La publicité véhiculant des stéréotypes de genre confine et enferme les femmes et les hommes, les filles et les garçons, dans des rôles prédéfinis, artificiels et souvent dégradants, humiliants et abêtissants pour les deux », estime la députée suédoise Eva-Britt Svensson. Reste à savoir quand et comment cette résolution sera transcrite en droit français... Ce ne sera pas facile. Dès cette annonce, Christian Blachas, le directeur de *CBNews* (magazine spécialisé dans la publicité), réagissait violemment dans un éditorial parlant de « fascisme culturel rampant ». En attendant, les stéréotypes se portent bien. En juin 2008, une « campagne d'images en direction des grandes écoles » réalisée par le Conseil général des Yvelines a fait couler un peu d'encre et a valu quelques courriers à l'institution. Elle réduisait les futures élites à un rôle d'aguicheuse. Œil de velours, sourire complice, épaule dénudée... « Politiquement (in)correct », disait le tee-shirt de la jeune fille. « Hake-moi si tu peux », invitait un autre. Cette publicité proposait un monde idéalisé où les femmes seraient toutes des aguicheuses, un monde où les hommes auraient tous un sexe à la place du cerveau. Dégradant pour les deux. À l'heure où quelques directions d'entreprises réfléchissent à la féminisation de leur management, à l'heure où ces mêmes entreprises concluent qu'il faut commencer par « lutter contre les stéréotypes » pour avancer, cette campagne en direction de nos élites et futures élites fut du meilleur effet. Mais ses auteurs ont accusé les détracteurs de manquer d'humour…

Côté rédactionnel, il n'est pas question de légiférer pour lutter contre les stéréotypes. Juste expliquer, démontrer, combattre le déni par des faits. C'est long et il faut plusieurs fois remettre l'ouvrage sur le métier. Les constats faits par Mediawatch et l'Association des femmes journalistes depuis 1995 commencent à être un petit peu connus des médias. À chaque fois qu'ils sont publiés, les journaux d'information générale en reprennent les principaux résultats. Et pourtant, les changements sont à peine perceptibles. Le seul progrès notable enregistré en 2006 était la féminisation des noms. Ce qui est énorme compte tenu des résistances qu'il a fallu vaincre. Mais pas dans tous les journaux. Pour le reste, rien ne change. À tel point qu'en 2001, j'avais eu l'honneur d'être interviewée par *Libération* (du 20 novembre) pour expliquer les différences de traitement entre hommes et femmes dans les médias. J'insistais sur cette façon insidieuse de toujours ramener les femmes à leur rôle de mère et à leur fonction décorative. En page 28 ma parole était libre. Le même jour dans le même numéro de *Libération*, la dernière page était consacrée à un portrait de femme: Béatrice Vialle, la première femme française pilote de Concorde. Comment devient-on pilote de Concorde? Qu'est-ce qui est excitant? Ma curiosité était en éveil. Las. L'article devait nous expliquer que, pour être pilote, elle n'en était pas moins femme. Toute la première colonne visait à rassurer le lecteur (qui n'en demandait peut-être pas tant!): «talons hauts, jupe noire fendue, maquillage et brushing impec [...]», elle raconte qu'elle repasse les chemises de son mari et précise qu'il l'a «aidée» pour les enfants faute de quoi sa carrière n'aurait pas été ce qu'elle est. Les portraits d'hommes entrent-ils dans ces registres? Les hommes racontent-ils que leurs épouses les ont aidés pour les enfants? Qu'ils repassent les chemisiers de leur femme? Jamais. Anne Lauvergeon, la patronne d'Areva, et bien d'autres femmes s'agacent toujours lorsque les journalistes leur demandent comment elles font pour concilier vie professionnelle et vie privée: «On ne demande jamais cela à un homme». Mais ces femmes qui dénoncent ce «sexisme ordinaire» des médias ont l'impression de crier dans le désert. Pire: la situation peut se retourner contre elles. Ségolène Royal qui a usé de la formule a vite été accusée de jouer les martyres. Si les femmes répondent docilement aux questions, elles confortent les clichés. Si elles éconduisent les journalistes, elles sapent leur réputation. Pour que les mentalités évoluent dans les rédactions, il faudra que quelques

courageuses s'opposent. Du côté des femmes inter-
viewées, mais aussi du côté des journalistes.

Pas simple. Une poignée d'hommes de médias a le
pouvoir de dire ce qui est important et ce qui ne l'est
pas pour l'ensemble des citoyens. Et cela ne devrait
pas s'arranger avec la concentration annoncée des
organes d'information et la fragilisation du métier de
journaliste. Les conférences de rédaction sont impi-
toyables. Dans ces lieux où se décide le sommaire du
journal, il faut aller vite, convaincre. Chaque journaliste ou chef de service doit batailler pour obtenir
une place décente pour un sujet qu'il estime important. Batailler un peu, mais pas trop, faute de quoi le
journaliste finit par être marginalisé, déconsidéré.
Le plus prudent, pour un déroulement de carrière
serein, est de proposer les sujets que le rédacteur en
chef a en tête. Du coup, de nombreux sujets importants se perdent dans les oubliettes de l'actualité. Il
y a une quinzaine d'années, par exemple, le développement durable n'était pas pris au sérieux. Beaucoup d'associations ou d'entreprises impliquées dans
ces sujets étaient lancées par des femmes (Utopies,
Body Shop, Arese…). Dans la presse économique, les
journalistes – des femmes en général – qui insistaient
pour en parler passaient pour de douces rêveuses.
Aux yeux des dirigeants des médias, il était invrai-
semblable que les entreprises renoncent à des profits

immédiats pour préserver la planète ou les relations sociales, ils n'y voyaient qu'un gadget marketing qui méritait au mieux une brève. Il a fallu que le sujet monte d'un cran à l'étranger avec notamment la mise en cause de Nike aux États-Unis par de puissantes associations pour que les médias français, à l'image de leurs confrères américains, traitent la question. Aujourd'hui, les hommes se sont emparés du sujet. Le développement durable est devenu un « avantage compétitif », tout est entré dans un ordre nouveau. Le sujet est devenu digne d'intérêt. Mais on a perdu 15 ans. De même, les sujets sur la conciliation vie familiale/vie professionnelle, politique de la petite enfance... ont du mal à franchir la barrière de la conférence de rédaction. Côté traitement de l'information, il n'est pas rare d'entendre un rédacteur en chef demander davantage de « détails personnels » pour rendre plus « chaleureux » un portrait de femme : physique, nombre d'enfants... Pour un homme, la demande portera sur les sports qu'il pratique ou les réseaux auxquels il appartient. Et le journaliste, prudent, obtempérera, puis anticipera les demandes.

Mais qu'en est-il aujourd'hui de l'information avec les nouveaux médias ? Grâce au numérique, les femmes n'ont-elles pas une occasion inédite de s'emparer enfin de la parole ? Sur la Toile, en effet, la prise de parole n'a plus rien à voir avec les médias classiques. Derrière ce que Milad Doueihi a appelé «la grande conversion numérique» se dessine un changement profond de société. Avec les possibilités multiples qui sont données aux individus de s'exprimer, nous passons de la démocratie représentative à la démocratie participative. Dans la «cité numérique», les médias ont un autre mode de collecte et de restitution de l'information. Ce ne sont plus des rédacteurs en chef tout-puissants qui décident seuls de ce qui intéresse les gens. L'information s'écrit sur un mode collaboratif, l'écriture est «à tendance anthologique», parce qu'elle est faite de recompositions permanentes, d'assemblages. Le «blogage» de la cité numérique permet à davantage de voix de s'exprimer. Les journalistes disposent quasiment en direct des réactions de leurs lecteurs. Et c'est l'occasion de s'apercevoir qu'ils sont parfois à des années-lumière de leurs attentes. Lors d'une formation de journalistes sur les nouveaux médias sur le Web, fin mars 2008, une vingtaine d'intervenants se succédaient à la tribune pour édifier le savoir des stagiaires. Il n'y avait qu'une seule femme parmi eux. Un de ces intervenants racontait son expérience de journaliste radio depuis l'arrivée du Net. Chez lui, les internautes étaient invités à poser des questions et il faisait part de son étonnement : l'émission qui avait suscité le plus de questions était consacrée à l'éducation. Il ne pensait pas que ce sujet pouvait intéresser les Français. C'est souvent le cas de journalistes venant de la planète hommes, urbains, catégorie socioprofessionnelle élevée...

Les femmes se sont emparées de la Toile. Mais quel poids ont-elles vraiment ? Un blogueur sur deux est une femme mais on ne compte aucun blog de femme parmi les blogs de référence de différents classements, elles sont peu nombreuses dans les rendez-vous professionnels du numérique et les sites d'information de femmes qui émergent sont ceux bâtis sur le modèle de la presse féminine. Il en va de la vie sur la Toile comme de la vie réelle. Les femmes sont minoritaires dans les lieux de décision et les sujets qu'elles abordent sont considérés comme quantité négligeable. Alors elles se regroupent pour tenter, ensemble, de peser sur les décisions qui les concernent. Le groupe Girl power 3.0 par exemple, rassemble des actrices de la Toile. Sa fondatrice Natacha Quester-Séméon a été invitée, avec d'autres blogueurs, à réfléchir à l'avenir du numérique avec Éric Besson, le secrétaire d'État chargé de la Prospective, de l'Évaluation des politiques publiques et du Développement de l'économie numérique. Seule femme invitée, elle a, d'abord, sagement écouté ces messieurs parler technique (un sujet qu'elle maîtrise aussi) mais elle n'a pas été écoutée aussi attentivement lorsqu'elle a évoqué les aspects plus sociaux du Web 2.0. et la «nethique». L'initiative Girl power 3.0 n'en est qu'à ses débuts mais le groupe a un rôle crucial à jouer pour que la parole des femmes pèse enfin.

En attendant, le «quatrième pouvoir» est comme les autres. Les femmes n'y sont pas les bienvenues. Lorsqu'elles y parviennent, elles sont priées de se comporter comme des hommes. Elles sont très loin d'atteindre le seuil critique à partir duquel elles pourraient imposer de nouvelles idées et une autre hiérarchie de l'information. Si elles y parvenaient, elles devraient entrer dans un processus de «déconstruction» pour mettre fin aux vieilles habitudes. Ici encore, la place est bien gardée. Ce pouvoir-là est redoutable car il dicte des normes. Il renvoie à la société une image à laquelle chacun d'entre nous se conforme. Et, comme disent les sociologues des médias, en s'y conformant, chacun le confirme. C'est un cercle qui peut être vicieux ou vertueux selon que les médias mettent l'accent sur les stéréotypes sexistes ou au contraire sur les évolutions égalitaires. Pour l'instant, ils ont choisi la première option.

V

# Pouvoir domestique : qui va garder les enfants ?

## Angles morts de la politique

« Mais qui va garder les enfants ? » Ce mot malheu-
reux que l'on prête à Laurent Fabius au début de la
campagne pour la présidentielle de 2007 a beaucoup
amusé les gazettes, le milieu politique, et fourni une
arme contre son auteur. Seul l'aspect polémique
de la question devait retenir l'attention. Pourtant,
le sujet est éminemment politique. Pas seulement
politicien. Comment doit-on organiser la vie dans la
cité pour garder les enfants ? Si les hommes et les
femmes travaillent également, s'il faut « travailler
plus pour gagner plus », qui va garder les enfants ?
« Le privé est politique », disaient les féministes
dans les années 1970. Manifestement, elles n'ont pas
été entendues. La question de la garde des enfants

se situe dans les angles morts de la politique et de l'économie, tout comme la question des tâches ménagères. La « valeur travail » domestique n'est que peu visible dans les comptes de la nation. C'est un travail gratuit assumé majoritairement par les femmes. « Dans une famille de deux enfants dont les parents travaillent à temps plein, les femmes accomplissent en moyenne 65 % du travail domestique, 80 % si l'on retient uniquement le "noyau dur" (courses, cuisine et linge). Ces inégalités pèsent lourdement sur l'investissement professionnel des femmes : sur une année, une femme assume 680 heures de travail domestique de plus que son compagnon, soit dix-neuf semaines de travail de 35 heures… », calculait le journal *le Monde* (17 août 2007). Dix-neuf semaines de cadeau à la société puisque les enfants qu'elle élève, le bien-être qu'elle apporte à son foyer constitue un enrichissement pour le pays. Dix-neuf semaines invisibles. Pourtant, de même que chacun a le devoir de gagner de l'argent pour vivre et faire vivre sa famille, chacun doit entretenir son foyer, apporter des soins aux enfants pour que la société tourne rond. Mais, si le travail « à l'extérieur » est organisé autour d'un ensemble fourni de droits et de devoirs, ce n'est pas le cas du « travail au foyer ». Quelques chercheurs ont tenté d'évaluer le poids économique de l'activité domestique. Il y a longtemps. Le Conseil d'analyse économique en 1998 ou l'Insee en 1981. L'institut de statistique donnait cette définition: «le travail accompli dans le cadre de la famille, nécessaire au déroulement de la vie quotidienne, dans les normes sociales actuelles». Deux chercheuses, Annie Fouquet et Ann Chadeau (dans *Économie et statistiques*, n° 136, septembre 1981, Insee), ont proposé plusieurs modes de calcul. D'abord en évaluant ce que coûterait le travail domestique s'il était fait par un employé de maison, puis en affectant aux travaux domestiques la valeur des services équivalents sur le marché (blanchisserie, restaurant, sociétés de nettoyage, garagiste, jardinier...), enfin, en appliquant la méthode de l'évaluation par le «gain potentiel» c'est-à-dire ce que gagnerait celui ou celle qui accomplit le travail domestique s'il consacrait un temps identique à son activité professionnelle. Selon la méthode, le travail domestique représente entre 32 % et 50 % du PIB. Énorme!

Ce travail ne permet pas de gagner plus, il induit souvent de gagner moins, mais se perd dans les oubliettes des politiques publiques. Et les femmes comblent ce vide organisationnel en assumant la garde des enfants, les travaux domestiques ou les soins aux personnes âgées. Plus on descend dans les catégories sociales, plus le poids du travail domestique dans la vie des femmes s'alourdit. Les foyers les plus riches pouvant sous-traiter nombre de tâches. Mais même dans ces cas, la femme assume un travail coûteux en énergie et qui serait très fortement rémunéré s'il était effectué dans la vie professionnelle : recruter des personnes, les former, organiser et suivre leur travail, les remplacer en cas d'absence, les rémunérer, etc. Un vrai job de manager. Non reconnu. Le temps et l'énergie qu'elles y consacrent sont autant de temps et d'énergie qu'elles n'investiront pas dans la course au pouvoir politique et économique. Et leur contribution au bien-être de la société restera invisible.

## Politique du bien-être

Pourtant, des politiques assurant à la fois une meilleure répartition des tâches domestiques entre hommes et femmes et une meilleure conciliation entre vie privée et vie professionnelle sont possibles. Lorsque les femmes sont imposées en politique par des quotas, comme c'est le cas dans les pays d'Europe du Nord, la question de la conciliation entre vie privée et vie professionnelle devient centrale. Les Suédois bénéficient d'un système de congés parentaux propices à cette conciliation : ils ont le droit de rester à la maison pendant seize mois après la naissance de leur enfant. Ce congé peut être pris indifféremment par les deux parents, mais chacun doit prendre au moins deux mois sur les seize. L'État verse 80 % de leur salaire, dans la limite d'un plafond assez élevé pour inciter les cadres à bénéficier de la mesure. Adeptes du « juste milieu », les Suédois favorisent ainsi le confort du bébé et la sécurité financière et professionnelle des parents. Le monde du travail s'organise en conséquence.

En donnant une dimension politique à la question domestique jusque-là reléguée au privé, ce n'est pas seulement la vie des femmes qui s'améliore, mais la politique qui prend une autre dimension. Nombre de questions d'éducation, de santé, de bien-être finissent par entrer dans le champ politique et la vie de la cité s'améliore. Faute de cet élargissement, la civilisation stagne. L'exemple des pays en voie de développement l'illustre. Un rapport de l'Unicef sur « la situation des enfants dans le monde en 2007 » a montré que, en favorisant la prise de décision par les femmes, tant dans leur foyer qu'au niveau politique, on progresse vers la réduction de la pauvreté et de la faim, la protection de la vie des enfants, l'amélioration de la santé, l'éducation pour tous, la lutte contre le sida, le paludisme et d'autres maladies, et la viabilité de l'environnement. Car, indique le rapport, lorsqu'elles ont le pouvoir, les femmes investissent dans la santé et l'éducation. Selon une étude menée par l'International Food Policy Research Institute, si les hommes et les femmes exerçaient la même influence sur les prises de décision, « en Asie du Sud, l'incidence de l'insuffisance pondérale chez les enfants de moins de trois ans pourrait reculer de 13 points de pourcentage, ce qui entraînerait une diminution de 13,4 millions du nombre d'enfants sous-alimentés dans la région ; en Afrique subsaharienne, 1,7 million d'enfants de plus seraient nourris correctement ».

La France n'envisage pas l'hypothèse de ce pouvoir, encore aujourd'hui propre aux femmes, puisque le domestique est considéré comme privé donc comme un non-sujet politique. Et il n'y a jamais eu un nombre assez élevé de femmes au pouvoir pour qu'elles puissent imposer une hiérarchie des sujets politiques différente de celle des hommes. Mais il y a fort à parier qu'en « déconstruisant » les réflexes politiques actuels, le champ du politique s'élargirait. Cela supposerait que les portes de la politique s'ouvrent aux femmes et que ces femmes et les hommes politiques aient envie de revoir les priorités.

Nous en sommes très loin. Les femmes ont fait un grand pas de la sphère privée vers la sphère professionnelle, mais les hommes n'ont pas fait le même trajet en sens inverse. Et ils restent entre eux aux plus hauts niveaux de décision. Alourdies par le poids de la vie domestique, les femmes sont non pas «bloquées par le plafond de verre», mais elles ont «les pieds collés au plancher», pour reprendre une expression américaine. Ce résultat n'est pas à imputer seulement à la bonne ou à la mauvaise volonté des hommes. Il s'explique plutôt par deux phénomènes: l'absence de politiques publiques ambitieuses et la stagnation des mentalités qui pérennisent la présence des femmes dans leur foyer.

## Des politiques publiques insuffisantes ou désincitatives

La France est au point mort, voire en régression. Aujourd'hui, selon l'enquête «Mode de garde et d'accueil des enfants de moins de sept ans» menée en 2002 par la DREES (Direction de la recherche, des études, de l'évaluation et des statistiques), 64 % des enfants de moins de trois ans sont gardés par leurs parents, la mère seule assumant plus de 50 % des gardes. Les crèches n'accueillent que 8 % des tout-petits et les assistantes maternelles 18 %. Après l'école, près de 50 % des 3 à 6 ans sont gardés par leur mère. Et, le mercredi, les mères gardent aussi 58 % des enfants de moins de six ans. Ces chiffres qui datent de 2002 ont peu changé. Le nombre de places en crèche ou chez des assistantes maternelles n'a augmenté que de 2 % et le nombre d'enfants gardés par leurs parents et proches aurait augmenté, lui, de 7 %. Au total, seulement 36 % des enfants de moins de trois ans bénéficient d'un mode de garde pris en charge partiellement par la collectivité.

On est loin de la « politique modèle » de conciliation vie privée/vie professionnelle qu'encensent les médias et les politiques pour expliquer le taux de fécondité des Françaises. La France se situe en effet parmi les pays d'Europe où les femmes sont les plus fécondes. En réalité, la fière courbe de natalité n'est pas imputable aux femmes qui travaillent et concilient vie privée et vie professionnelle grâce aux dispositifs publics. Elle doit sa vigueur à celles qui s'arrêtent de travailler et se débrouillent. Beaucoup de femmes en souffrent, mais les chiffres ne le disent pas. « Le bienfait public que représente un enfant se paie d'un sacrifice professionnel et financier supporté par les seules femmes », affirment Dominique Méda et Hélène Périvier dans *Le deuxième âge de l'émancipation*.

Ces sacrifices sont quasiment inéluctables. Si la courbe de l'emploi des femmes a progressé depuis les années 1970, elle stagne au seuil du deuxième millénaire. Et elle a connu un coup de frein brutal en 1994, au plus fort de la crise économique. À ce moment-là, l'allocation parentale d'éducation (APE) est élargie et permet aux parents de deux enfants de moins de trois ans de cesser leur activité professionnelle et d'obtenir une allocation équivalente à la moitié d'un Smic. Cette allocation est faible, mais suffisamment élevée pour persuader nombre de femmes de se retirer d'un marché de l'emploi de plus en plus difficile. Leur salaire étant inférieur à celui des hommes, il est logique que ce soient elles qui interrompent leur activité professionnelle (99 % des bénéficiaires de l'APE étaient des femmes). Ce qui a des conséquences sur leurs revenus, mais aussi sur leur déroulement de carrière. Le taux d'activité des femmes ayant deux enfants dont un de moins de 3 ans est tombé de 69 % à 52,7 % entre 1994 et 1999. La proportion de femmes salariées à temps partiel a plus que doublé depuis le début des années 1990, notamment parce que les politiques publiques utilisent des mesures incitatives. Ces mesures, qui visent plus à résorber le chômage qu'à favoriser la conciliation, ont porté un coup fatal à la progression professionnelle des femmes. En 2003, selon une étude de la DARES (Direction de l'animation, de la recherche et des études statistiques) 50 % des femmes qui avaient arrêté de travailler à la naissance de leur enfant déclaraient qu'elles auraient souhaité continuer. On est très loin d'un «libre choix ». Si les femmes renoncent à leur métier ou adoptent des temps partiels, c'est avant tout par manque de structures d'accueil.

Et, petit à petit, elles sont marginalisées sur le marché de l'emploi. Éric Maurin, professeur à l'École d'économie de Paris, a mené l'enquête à Grenoble et observe que « parmi les mères ayant fait une demande de place en crèche, 75 % avaient un emploi avant la naissance. Elles ne sont plus que 65 % au moment de l'inscription en crèche » (*Libération* du 25 septembre 2005). Créer des places en crèche est bon pour les femmes, affirme-t-il. « C'est bon aussi pour la société », ajoutent Hélène Périvier et Dominique Méda car le travail des femmes est facteur de croissance : il alimente les comptes sociaux et augmente le travail induit par les services à la personne. Pour favoriser la conciliation pour les deux parents et l'emploi des femmes, les chercheuses s'inspirent du modèle suédois et préconisent de substituer à l'allocation parentale un congé parental court, de 42 semaines, bien rémunéré (80 % du salaire) avec un plafond élevé et partagé entièrement entre le père et la mère. L'ensemble de ce dispositif coûterait 0,32 % de PIB supplémentaire par an en fonctionnement, ont-elles calculé. Une paille par rapport à ce que représente le travail domestique ! Ce congé inciterait les hommes à s'investir davantage dans la vie domestique et atténuerait les frayeurs des employeurs concernant l'embauche des femmes : si hommes et femmes sont susceptibles de prendre un congé parental, il n'y a pas de raison d'embaucher moins de femmes. La parentalité deviendrait une donnée à prendre en compte pour les entreprises au même titre que d'autres données. Mais la politique française ne fait pas de ces questions une priorité.

Le dossier de la conciliation entre emploi et maternité est sorti d'un long sommeil lorsque Nicolas Sarkozy a promis, pendant sa campagne électorale, de créer un « droit opposable à la garde d'enfants ». Une promesse qu'il ne s'est pas empressé d'honorer. La question a somnolé jusqu'en septembre 2008 lors de la présentation par la députée UMP Michèle Tabarot d'un rapport sur les moyens de développer l'offre d'accueil de la petite enfance. Ce document préconisait la création d'un nombre très conséquent de modes de garde. Il a été d'emblée critiqué car il voulait assouplir les normes d'encadrement et les qualifications requises pour le personnel, ce qui ne devait pas augurer de lieux d'accueil de qualité rassurants pour les parents. Mais surtout, ce rapport laissait planer une ambiguïté : d'un côté il voulait accélérer la conciliation, de l'autre, il freinait des quatre fers : « Il est souhaitable, pour un bon développement, qu'un nourrisson reçoive des soins personnels à plein temps pendant au moins les 6 à 12 premiers mois de sa vie. L'emploi maternel pourrait avoir des effets négatifs sur le développement cognitif de l'enfant, notamment lorsque l'enfant n'a pas atteint l'âge de deux ou trois ans.» Alors que cette idée n'a jamais été prouvée, pourquoi la ressortir ici? Pourquoi affirmer que l'«emploi maternel» a des «effets négatifs», dans un rapport qui a pour but d'anticiper une loi sur le droit opposable à la garde d'enfants?

## Le mythe de la bonne mère

Les mythes ont la peau très dure. Au-delà de l'insuffisance des politiques publiques, le «choix des femmes» en faveur de l'interruption de carrière est guidé par les préceptes d'une académie de conseilleurs en tous genres. Ils font entrer dans le crâne des jeunes parents des croyances infondées. Au premier rang, l'instinct maternel résiste vaillamment à toute logique. L'idée selon laquelle la présence de la mère auprès de l'enfant est indispensable à son bon développement ne mollit pas. En 1980, dans *L'amour en plus*, Élisabeth Badinter à la suite d'autres féministes a magistralement démontré que l'instinct maternel n'existe pas. À travers une histoire de l'amour maternel, elle prouve qu'il ne s'agit pas d'un instinct qui procéderait d'une

«nature féminine», mais il relève d'un comportement social, variable selon les époques et les mœurs.
La démonstration minutieuse à travers l'histoire est
imparable. Si aujourd'hui les femmes savent mieux
que les hommes comprendre et anticiper les désirs
du bébé c'est tout simplement parce qu'elles passent plus de temps avec lui et qu'elles ont tout le
loisir de connaître son mode de fonctionnement.
Rien d'instinctif là-dedans, juste de l'expérience.
L'amour maternel n'est pas inné, il est «en plus».
«Au lieu d'instinct, ne vaudrait-il pas mieux parler
d'une fabuleuse pression sociale pour que la femme
ne puisse s'accomplir que dans la maternité?», s'interroge Élisabeth Badinter. La réponse est dans la
question posée. D'autres féministes parlaient d'une
«grosse blague» inventée pour clouer les femmes à
la maison. Mais le mythe de la bonne mère est plus
fort que la raison. Malgré le succès de l'ouvrage
d'Élisabeth Badinter et la logique du raisonnement,
une déferlante de livres conseils et de journaux
destinés aux parents continuent comme si de rien
n'était. Les thèses du docteur Winnicott sur l'atta-
chement à la mère comme seule planche de salut
pour le psychisme du bébé envahissent les livres de
puériculture. Dans *Éloge des mères,* Edwige Antier
insiste: «L'instinct maternel existe il faut le réhabi-
liter». La «grosse blague» peut aussi se nicher dans

des mises en garde à l'endroit des pères: «L'homme [...] le transformer en mère *bis* prépare une génération d'enfants asociaux, égocentriques, parfois violents», affirme Aldo Naouri dans *Les pères et les mères*. Rien que ça! Toutes ces idées n'ont pourtant rien de vérités absolues. Il suffit, pour s'en persuader, de voir comment les théories sur l'éducation évoluent au fil du temps. Selon l'année de naissance de leur enfant, les parents auront appris qu'il faut coucher le bébé sur le dos, sur le ventre ou sur le côté. Parfois même, curieusement, ces théories s'adaptent à la conjoncture économique. L'allaitement au sein? Très fortement recommandé depuis les années 1980-1990. Alors qu'au début des trente glorieuses, lorsque les femmes prenaient le chemin de l'emploi, l'allaitement maternel était présenté comme rétrograde et les laits maternisés étaient considérés comme le summum de la modernité. Avec la crise économique et la reprise du thème de l'instinct maternel, il revient en force. Une directive européenne appelle à l'allaitement prolongé au-delà des premières semaines après la naissance, c'est la fin des laits maternisés gratuits dans les maternités. Et les statistiques européennes montrent du doigt les Françaises qui allaitent moins longtemps que les autres Européennes. «En 1972, elles ne sont plus que 36 % à allaiter en maternité. Le pourcentage remonte ensuite peu à peu en raison d'une propagande faite par les médecins et les médias sur les bienfaits du lait maternel qui se conjuguent avec un intérêt nouveau pour l'écologie et l'apologie de l'allaitement à la demande. Aujourd'hui, environ une femme sur deux allaite», notent Didier Lett et Marie-France Morel dans *Une histoire de l'allaitement*. Bien que les conseils des bons docteurs soient relatifs et contingents, les médias reprennent leurs thèses comme des évidences de bon sens. Les jeunes parents un peu perdus face à leur nouvelle mission d'édifier un petit humain s'accrocheront aux conseils qui passent. Surtout lorsqu'ils sont couchés sur papier glacé et émis par de grands professeurs ou de grands médias. Dans la presse, la maternité est idéalisée, les stars s'exhibent avec leur progéniture. Être mère est redevenu le sommet de l'accomplissement des femmes. À tel point que des écrivaines rebelles prennent la plume pour donner une version moins rose. Corinne Maier, dans *No Kid* par exemple donne «40 raisons de ne pas avoir d'enfants». Son livre, perçu comme subversif, connaît un succès relatif. Les femmes doivent se dévouer à leurs enfants, avec le sourire de préférence. On ne casse pas le mythe de la bonne mère!

## Instinct ménager

Et le mythe de la ménagère de moins de 50 ans ? Difficile à déboulonner, lui aussi. La question du travail ménager souffre de lacunes comparables à la question de la garde des enfants : des politiques publiques insuffisantes et un imaginaire collectif pesant. Si les politiques publiques concernant la conciliation entre parentalité et emploi avancent mollement, celles concernant le partage ou la sous-traitance des tâches domestiques n'ont pas encore réellement démarré. Le travail domestique peine à obtenir une reconnaissance économique. Faire les courses, cuisiner, débarrasser la table... Ces actions réalisées à la maison demandent pourtant des compétences identiques à celles réalisées dans certaines entreprises de plats cuisinés par exemple : appliquer une politique d'achats, transformer la matière première, livrer au supermarché. Dans le premier cas c'est gratuit ou fait par des employées de maison mal rémunérées et au statut précaire, dans le second, c'est fait par des employés dûment salariés. Le travail pour le bien du foyer, même lorsqu'il n'est pas celui d'un membre de la famille, n'a pas une grande valeur.

Son financement commence à connaître des évolutions avec le développement des « emplois de proxiimité ». Mais la création de ces emplois n'est pas née d'une politique de conciliation. Elle était avant tout une recette contre le chômage. La crise de l'emploi, conjuguée au vieillissement de la population, aux changements dans la composition des unités familiales et à l'activité féminine salariée, a donné l'idée aux pouvoirs publics de s'engager petit à petit dans les « services de proximité ». Le plan Borloo, en 2004, a facilité le financement de ces services par des mesures fiscales ou d'exonération de charges sociales avec notamment le CESU (chèque emploi service universel) permettant d'aider les particuliers à rémunérer ce travail. De plus, les entreprises ont été impliquées puisqu'elles peuvent proposer à leurs employés le CESU au même titre qu'elles proposent des chèques déjeuner. Néanmoins, ces mesures visent seulement ceux qui paient des impôts et les emplois sont précaires. Pour remplir l'impératif de proximité, les horaires sont fractionnés, il est quasiment impossible de travailler à temps plein et les revenus sont incertains. Ces emplois sont non qualifiés, puisqu'on estime que n'importe quelle femme, « d'instinct », peut les accomplir. Certes, le travail domestique est un peu plus reconnu, mais il est toujours entre des mains féminines et sous-payé ou non payé. Ce n'est pas près de changer.

Ici encore nous sommes dans une zone de non-politique et des croyances d'un autre âge tiennent lieu de vérité. La féminisation et la gratuité du travail ménager sont vécues non seulement comme des évidences mais comme les fondements de l'identité des femmes. Dans *L'injustice ménagère,* François de Singly explique que les femmes ont intériorisé depuis des siècles le «rôle» d'âme du foyer. Elles ont «intériorisé leur intérieur». À tel point que, même si elles sont épuisées, elles «justifient», voire revendiquent la distribution inégalitaire du travail domestique, pouvant aller jusqu'à rejeter l'intervention masculine sur «leur» territoire. Il cite l'exemple d'une femme vexée de voir son mari recoudre un bouton. Elle se sent incompétente, dévalorisée, s'empare de l'ouvrage et, lorsque son mari la remercie, elle se sent reconnue, utile, aimée...

Ainsi s'explique l'aveuglement des femmes devant l'inégalité objective entre les conjoints. Souvent, elles comparent leur temps de travail domestique, non à celui de leur compagnon, mais à celui de leur mère ou d'une amie. Elles en tirent satisfaction, leur sort leur paraissant meilleur. Les femmes sont convaincues qu'elles doivent pouvoir tout faire et que ce serait un aveu de faiblesse de ne pas y parvenir. Elles ne seraient pas de «vraies femmes». Ce serait un constat d'échec dérangeant. Pour se conformer à l'idéal féminin, elles s'arc-boutent sur leur pouvoir domestique. Et de donner du crédit aux «excuses» des hommes: manque de temps, manque de compétence, plus faible standard vis-à-vis du propre, du rangé. Elles préfèrent agir car elles souffrent nettement plus que leur homme lorsque la baignoire ne brille pas. «Laisser l'autre accomplir la tâche, c'est perdre la maîtrise de sa réalisation et de son aboutissement.» Si je lâche le fer à repasser, je n'ai plus de pouvoir. Mais quel pouvoir? Le pouvoir de décider si les enfants vont manger des nouilles ou du riz? Si je fais le repassage le matin ou l'après-midi?

Le travail domestique autrefois pris en charge par les «femmes au foyer» n'est pas partagé à égalité avec les hommes ni sous-traité massivement. Tant que de réelles politiques de conciliation visant autant les hommes que les femmes ne seront pas mises en place, tant que notre imaginaire collectif sera nourri d'images de bonnes mères dévouées et de ménagères épanouies, les femmes ne pourront pas accéder à un pouvoir autre que le pouvoir domestique.

# Un plan Marshall pour l'égalité hommes/femmes?

Le pouvoir ne se donne pas, il se prend, dit une maxime. À condition de parvenir à déminer le chemin qui y mène. Pour les hommes, ce chemin est long, difficile, mais la route semble toute tracée. Pour les femmes, les risques de tomber avant l'arrivée sont plus nombreux. Tir de barrage sous forme d'insultes larvées ou de moqueries, poids de la culpabilité vis-à-vis de leurs enfants, inertie des mentalités, impossibilité de s'organiser pour mener de front leur vie professionnelle et celle de leur foyer… Les blocages sont autant d'ordre matériel que psychologique. Les médias entretiennent le «mythe de l'égalité déjà là» tout en imposant des normes de masculinité et de féminité. Pour les alimenter, intellectuels, psychologues, scientifiques, hommes de pouvoir disent implicitement ou explicitement aux femmes comment elles doivent se comporter: être désirables et être de bonnes mères avant tout. Mais rester second rôle. Le pouvoir est encore considéré comme un attribut viril. Si les femmes s'en emparent, elles craignent d'y perdre leur féminité et de n'être plus objet de désir des hommes. Par une série de syllogismes, elles sont enfermées dans une forme de «servitude volontaire» selon l'expression de La Boétie.

Au-delà de ces considérations psychologiques, elles capitulent devant les difficultés de la vie quotidienne. Dans un article du magazine *Elle* du 20 octobre 2008 intitulé «Quand Superwoman rentre à la maison», de jeunes femmes, très diplômées pour beaucoup d'entre elles, expliquent qu'elles préfèrent voir grandir leurs enfants plutôt que de tout sacrifier à leur travail. Elles ne veulent pas ressembler à leurs mères qui se sont épuisées à tout gérer sur fond de culpabilité. Ces femmes fragilisent leur carrière et leur indépendance financière. Elles s'octroient des pauses qui seront fatales à leur ascension professionnelle. Leur décision repose sur le principe de réalité: le monde du travail est dévoreur de temps et d'énergie, pas question que leurs enfants soient élevés par d'autres. Elles déposent les armes que leurs mères ont brandies pour construire l'égalité. Aujourd'hui, la révolution des femmes est au milieu du gué. Elles ont obtenu l'accès à l'indépendance financière comme les hommes. Elles accèdent au travail salarié comme les hommes. En ce sens, la société s'est plus masculinisée que féminisée. Mais les femmes sont toujours supposées prendre en charge la vie de leur foyer. Ce qui les handicape pour occuper les plus hautes fonctions. Les plus ambitieuses se trouvent face à l'alternative carrière ou enfants.

Pourtant, d'autres options sont possibles. Elles se dessinent dans les pays du nord de l'Europe qui mettent au point de véritables politiques de conciliation, elles font l'objet de constructions intellectuelles brillantes dans les réseaux de femmes. Ces théories sont parfois suivies d'effets, partiellement, dans les entreprises. Mais elles ont du mal à s'inscrire dans les agendas politiques.

C'est pourtant au niveau des politiques publiques que doit s'opérer le changement le plus profond. Si les responsables politiques veulent vraiment l'égalité entre hommes et femmes comme ils le proclament, ils ne peuvent pas faire l'économie d'une réflexion de fond sur la place de la parentalité dans la société. Pour le bien de l'enfant, des parents et de la société, le bébé doit-il être gardé par l'un de ses parents dans les premiers mois de sa vie ? Si c'est le cas comment organiser le monde du travail pour que l'absence du parent travailleur ne soit pénalisante ni pour lui, ni pour son employeur ? Comment les entreprises doivent-elles s'organiser pour mieux gérer ces absences ? Quelles évolutions du droit du travail ou des pratiques de management des entreprises seraient nécessaires ? L'État doit-il financer le congé parental ? À quelle hauteur ? Si on estime que l'enfant est mieux en crèche, combien faut-il en creer? Qui paie? Ces questions méritent un grand débat de société et une politique musclée. Tant qu'elles resteront dans le vide politique, les femmes seront condamnées au système D et les décisions concernant la vie de la cité se prendront sans elles. Mais cela ne suffira pas. Les femmes n'accéderont pas au pouvoir si les mentalités n'évoluent pas. Il faut agir sur tous les fronts. Sur le front éducatif en se donnant les moyens de revoir la question de l'orientation professionnelle des filles. Sur le front des médias en sensibilisant davantage les directions des journaux à la question du miroir qu'ils tendent à la société. Sur le front législatif en imposant, par la loi, les femmes aux postes de décision politiques et économiques. L'enjeu n'est pas de transformer les femmes en hommes comme les autres, en camouflant la maternité, mais d'organiser la vie citoyenne de manière à permettre aux hommes et aux femmes d'accéder aux mêmes droits et devoirs et de prendre part aux décisions qui les concernent. En ouvrant largement les portes du pouvoir aux femmes, il est probable que le champ du politique s'élargisse. Sans politique globale, la société ne va pas se féminiser, elle va au contraire accentuer sa masculinisation. Si elle fait de la place aux femmes, une nouvelle politique de civilisation verra le jour.

# Bibliographie

ALONSO (Isabelle), *Même pas mâle*, Robert Laffont, 2008

ANTIER (Edwige), *Éloge des mères*, J'ai Lu, 2003

BADINTER (Élisabeth), *Fausse Route*, Odile Jacob, 2003

BADINTER (Élisabeth), *L'amour en plus*, Flammarion, 1980

BARD (Christine) [sous la dir.], *Un siècle d'antiféminisme*, Fayard, 1999

BARRÉ (Virginie), DEBRAS (Sylvie), HENRY (Natacha) et TRANCART (Monique), *Dites-le avec des femmes. Le sexisme ordinaire dans les médias*, CFD/AFJ, 1999

BEAUVOIR (Simone de), *Le deuxième sexe*, Gallimard, 1949

BERTINI (Marie-Joseph), *Femmes, le pouvoir impossible*, Pauvert/Fayard, 2002

DOUEIHI (Milad), *la Grande Conversion numérique*, Seuil, 2008

*Femme j'écris ton nom*, guide de la Documentation française, 1999

GASPARD (Françoise), SERVAN-SCHREIBER (Claude) et LE GALL (Anne), *Au pouvoir citoyennes! Liberté, égalité, parité*, Seuil, 1992

GIGANTE (Annalisa), VISSER (Mirella), *Women on Boards – Moving Moutains*, European Professional Women's Network (EPWN), 2007

GOUGES (Olympe de), *Déclaration des droits de la femme et de la citoyenne* (1791), Mille et Une Nuits, 2003

GRAY (John), *Les hommes viennent de Mars, les femmes viennent de Vénus*, Michel Lafon, 2004

HEFEZ (Serge), *Dans le cœur des hommes*, Hachette littérature, 2007

LE DOEUFF (Michèle), *l'Étude et le Rouet*, Seuil, 2008

LELIÈVRE (Françoise et Claude), *l'Histoire des femmes publiques contée aux enfants*, PUF, 2001

LETT (Didier) et MOREL (Marie-France), *Une histoire de l'allaitement*, La Martinière, 2006

LÉVI-STRAUSS (Claude), *Tristes Tropiques*, Plon, 1955

MAIER (Corinne), *No Kid.
Quarante raisons de ne pas
avoir d'enfant*, Michalon,
2007

MÉDA (Dominique), *Qu'est-
ce que la richesse ?*, Aubier,
1999

MÉDA (Dominique) et PÉRIVIER
(Hélène), *Le deuxième âge
de l'émancipation*, Seuil,
2007

*Média SIG*, annuaire la
Documentation française,
2007

MONTAY (Wally) et GAGLIARDI
(Emmanuelle), *Guide des
clubs et réseaux au féminin*,
Cherche Midi, 2007

NAOURI (Aldo), *Les pères et
les mères*, Odile Jacob, 2005

OLIVIER (Christiane), *Les
enfants de Jocaste*, Denoël,
2001

PAGÈS (Frédéric), *Philosopher
ou l'art de clouer le bec aux
femmes*, Mille et Une Nuits,
2006

PEASE (Allan et Barbara),
*Pourquoi les hommes
n'écoutent jamais rien et les
femmes ne savent pas lire
les cartes routières ?*, First
éditions, 1999

PERROT (Michelle), *Mon
histoire des femmes*, Seuil,
2006

ROSANVALLON (Pierre) [sous
la dir.], *la Nouvelle Critique
sociale*, Seuil, 2006

SARFATI (Anne-Cécile),
GATTEGNO (Hervé), *Femmes
au pouvoir*, Stock, 2007

SCHNEIDER (Michel), *Big
Mother*, Odile Jacob, 2003

SCHNEIDER (Michel), *La
confusion des sexes*,
Flammarion, 2007

SÉNAT, Rapport n° 375, *Quelle
place pour les femmes dans
les médias ?*, 2006-2007

SÉNAT, Rapport n° 404,
*Orientation et insertion
professionnelle : vers un
rééquilibrage entre femmes
et hommes dans tous les
métiers*, 2007-2008

SINGLY (François de) [sous la
dir.], *L'injustice ménagère*,
A. Colin, 2007

TRISTAN (Flora), *L'union
ouvrière (1843)*, Des
Femmes, 1986

VECCHIALI (Hélène), *Ainsi
soient-ils. Sans de vrais
hommes, point de vraies
femmes*, Calmann-Lévy, 2005

VIDAL (Catherine), *Hommes,
femmes, avons-nous le même
cerveau ?*, Le Pommier, 2007

ZEMMOUR (Éric), *Le premier
sexe*, Denoël, 2006

# Table des matières

Retrouvez l'auteur sur
- le site du webmagazine <u>www.LESNOUVELLESnews.fr</u>
dont elle est la créatrice
- et sur le blog <u>www.durosedanslegris.fr</u>
dont elle est l'animatrice.

imprimé en France par CPi - Hérissey à Évreux (Eure) - N° 110048
dépôt légal : janvier 2009
302590-01/11008104 - décembre 2008